Charlemagne Clétus TIEBREY

Réconciliation nationale et action pastorale en contexte post-conflit

Charlemagne Clétus TIEBREY

Réconciliation nationale et action pastorale en contexte post-conflit

Cadre de référence pour une pastorale de communion fraternelle

Éditions Croix du Salut

Imprint

Any brand names and product names mentioned in this book are subject to trademark, brand or patent protection and are trademarks or registered trademarks of their respective holders. The use of brand names, product names, common names, trade names, product descriptions etc. even without a particular marking in this work is in no way to be construed to mean that such names may be regarded as unrestricted in respect of trademark and brand protection legislation and could thus be used by anyone.

Cover image: www.ingimage.com

Publisher:
Éditions Croix du Salut
is a trademark of
Dodo Books Indian Ocean Ltd. and OmniScriptum S.R.L publishing group

120 High Road, East Finchley, London, N2 9ED, United Kingdom
Str. Armeneasca 28/1, office 1, Chisinau MD-2012, Republic of Moldova, Europe
Managing Directors: Ieva Konstantinova, Victoria Ursu
info@omniscriptum.com

Printed at: see last page
ISBN: 978-613-7-37064-3

1. Dédicace

A VOUS,

KADJO ABATTO,

TIEBREY ERNEST,

ADOU N'GUESSAN PAUL,

AMANIE AKISSI JULIENNE,

NOS PARENTS DE SANG,

ET

AU REVEREND PERE TITO DADE,

AU REVEREND PERE OKROU SIMEON,

AU REVEREND PERE DIBY JEAN BERNARD,

ETERNEL REPOS ET FILIALE RECONNAISSANCE !

2.   Remerciements

De tout cœur, d'esprit et d'âme, je glorifie mon Seigneur et mon Dieu, de m'avoir accordé une santé parfaite et une intelligence active pour mener à son terme cette réflexion au profit de ma mission pastorale.

Je tiens à remercier spécialement ceux qui m'ont suivi, pas à pas, avec tant de dévouements. Il s'agit notamment de tout le personnel de Domuni Universitas, à tous les professeurs dont la compétence et la maitrise de leur matière ont aiguisé en moi le goût de la recherche scientifique et le désir de l'enseignement.

Au Dr Apollinaire KAHINDO KIVYAMUNDA, je retiens une reconnaissance inoubliable. Merci pour ses bienfaits.

Merci à Sœur Evelyne MAURICE, à Sœur Marie MONNET, au Père Anselme BAUDELET, à Gilbert NARCISSE, Frère Jean-Marie, à GUEULETTE, à Hervé PONSOT, au Père Jean-Michel MALDAME, Jean-Christophe NADAI et HENDO MUNSTERMAN et à toute l'équipe de DOMUNI, Merci.

Je mesure à sa juste valeur les nombreuses contributions de tant de personnes de bonne volonté. Sans elles, ce projet connaîtrait d'énormes difficultés et serait classé hors usage. Je salue avec déférence leur sollicitude exemplaire.

A mes parents, j'exprime ma reconnaissance et ma gratitude.

Au préalable, je désire marquer un profond respect à son Excellence Monseigneur Jean Salomon LEZOUTIE, évêque du diocèse de Yopougon dont je suis issu. A sa personne, mes remerciements pour l'opportunité qu'il m'a accordée de continuer à me former pour servir le peuple de Dieu efficacement.

J'adresse aussi mes sincères remerciements à tous mes confrères prêtres en Belgique. Ils n'ont cessé de me soutenir moralement, spirituellement, matériellement, et me prodiguer de sages conseils pour résister à la nostalgie du pays.

Au Père Narcisse ETTIEN, à l'Union des Prêtres, Religieuses, Séminaristes Aspirant (e) s abidji (UPRASA) et au presbyterium du diocèse de Yopougon. A tous ceux qui ont apporté leur contribution pour me soutenir intellectuellement, humainement, spirituellement et financièrement Merci.

Enfin, mes remerciements exceptionnels vont à l'endroit de mon père TIEBREY N'guessan Pierre et à ma mère N'GUESSAN Yon Hélène, au peuple chrétien du diocèse de Yopougon, à mes amis et à tous mes parents en Côte d'Ivoire pour leurs conseils et leur assistance éclairées.

3.   Sigles et abréviations

CDVR : Commission Dialogue Vérité et Réconciliation

CEB : Communauté Ecclésiale de Base

CEECCI: La Conférence Episcopat des Evêques Catholique de Côte d'Ivoire

CEI Commission Electorale Indépendante

COSIM : Conseil Supérieur Islamique

EMU-CI : Eglise Méthodiste Unie de Côte d'Ivoire

EPM-CI : Eglise Protestante Méthodiste de Côte d'Ivoire

FNCR- CI : Forum National des Confessions Religieuses de Côte d'Ivoire

FRCI : Force républicaine de Côte d'Ivoire

MCGR : Mutuelle du Collectif des Guides Religieux

OIM : Organisation internationale pour les migrations

ONU : Organisation des Nations Unies

UFRACI : Union Fraternelle du Clergé Ivoirien

UNESCO : Organisation des Nations Unies pour l'Education, la Science et la Culture

UNJCI : Union Nationale des Journalistes de Côte d'Ivoire

4.   Avant-propos

« Il faut raviver en nous l'élan des origines, en nous laissant pénétrer de l'ardeur de la prédication apostolique qui a suivi la Pentecôte. Nous devons revivre en nous le sentiment enflammé de Paul qui s'exclamait : «Malheur à moi si je n'annonçais pas l'Évangile (1 Cor 9:16).»[1]

Les peuples ivoiriens ont espéré, après l'indépendance, à une vie meilleure. Mais depuis près de trois décennies (1995-2020), les partis politiques ivoiriens offrent un spectacle désespérant. La violence gagne en intensité ; l'instabilité politique est récurrente ; et le tissu social progressivement se dégrade avec les conflits interethniques. Les tentatives de réconciliation initiées piétinent du fait des collisions du pouvoir politique. A ceux-ci, s'ajoute la situation désastreuse de l'économie, qui a entrainé au sein de la population la misère, des désolations et des plaintes. Devant de cet état de fait, notre préoccupation, en tant que pasteur est d'apporter à la population ivoirienne l'expertise de l'Eglise (éducatrice du genre humain).

Les crises militaro-politiques ont manifestement affecté la cohésion sociale. Pour nous, l'urgence est de construire l'unité entre les Ivoiriens et avec eux reconstruire leur nation. C'est donc dans cette perspective, que nous avons opté de résoudre la crise en prenant pour postulat la réconciliation nationale, qui est le préalable à toutes idées de développement et de promotion humaine. Nous avons entrepris de réfléchir sur la privation des besoins vitaux à la population.

Ivoirien d'origine, nous sommes directement concernés voire impliqué dans les vicissitudes du pays. Ayant eu le privilège de 1995 à 2015 de vivre en plein cœur du problème, nous estimons que nous sommes un peu imprégné de l'ampleur de la situation pour en faire une question pastorale et trouver une issue favorable. Par ailleurs, c'est en tant qu'homme de foi solidaire et pasteur sensible à la souffrance humaine, où qu'elle se manifeste, que nous voudrions contribuer à la réflexion sur les défis en tentant d'évaluer la légitimité des solutions qui y sont proposées.

Dans l'espoir d'atteindre toutes les couches sociales et idéologiques, et rendre les résultats de cette réflexion plus efficaces, nous avons adopté une méthodologie simple et inclusive.

Pour le premier chapitre, la méthode analytique et historique s'est imposée. Elle nous a permis, en effet, de faire la relecture de la situation sociopolitique et de cerner l'origine ainsi que les causes de la conflictualité en Côte d'Ivoire.

---

[1] JEAN-PAUL II, *Lettre Apostolique, Novo Millennio Ineunte*, n° 40 [en ligne]. Disponible sur «http://www.vatican.va/content/john-paul-ii/fr/apost_letters/2001/documents/hf_jp-ii_apl_20010106_novo-millennio-ineunte.html». [Consulté le 20 avril 2021].

Le deuxième chapitre traite des creusets de la réconciliation. L'observation et l'interprétation appliquées sur la Commission Dialogue Vérité et Réconciliation (CDVR) et les points d'accès socioculturels de la réconciliation, nous ont permis aussi de faire recours à la réflexion de Bernard SESBOÜE théologien et auteur chrétien. Son œuvre intitulée «*Invitation à croire. Des sacrements crédibles et désirables*» (France, éd. Cerf, 2009, de la page 185 à 194), préconise quelques pistes intéressantes relatives au processus de la réconciliation en milieu chrétien comme une démarche humaine de la repentance utile à tous. De ce fait, l'approche herméneutique nous a semblé bien indispensable. Elle permet d'interpréter la situation pour appréhender les vrais défis et les enjeux tels qu'ils se présentent dans la société.

Pour le troisième chapitre concernant l'engagement des communautés religieuses au service de la réconciliation, la méthode dialogale nous a paru plus adéquate. Grâce à elle, chrétiens et musulmans ont fait fi de leur divergence idéologique pour se rassembler autour de l'unique objectif : le retour de la paix. Pour affronter avec diligence ce défi commun, c'est à travers des démarches de dialogue, de conférence, de prédication, et bien d'autres qu'ils ont œuvré pour pacifier le climat sociopolitique.

Cette réflexion, réalisée à l'aide de plusieurs méthodes (méthode historique et méthode analytique, méthode herméneutique et méthode dialogale) articule plusieurs thématiques dont : la paix, la solidarité, la justice, la démocratie, la politique, la culture, la religion, l'ethnie, la famille, la fraternité, l'hospitalité, le développement, l'économie, la protection sociale, la démographie, le marché du travail, les besoins environnementaux, etc. Toutes ces thématiques ont pour unique fondement, l'exigence de la réconciliation à planifier et à réaliser méthodiquement à court terme. C'est à partir de cet unique focus que tout projet de développement, d'émergence sociale, politique, économique seront perçus pour vérités prospectives.

Pour parvenir à réaliser cette œuvre, nous avons été confrontés à des difficultés. La première fut l'absence de documentation relative à la crise ivoirienne. Il nous fallait régulièrement nous adresser aux amis au pays pour nous en procurer. Plusieurs documents reçus ne pouvaient pas nous être utiles, car fort éloignés de notre thématique (Réconciliation nationale et action pastorale).

La deuxième difficulté est relative au degré de fiabilité des données recueillies sur le net et les réseaux sociaux. Il fallait consacrer énormément de temps pour en faire le tri, l'analyser et ne retenir que l'information jugée objective.

Par ailleurs nous avons été persuadés d'avoir une vision plus large pour percevoir les paramètres de la crise ivoirienne. Les facteurs favorisant la situation délétère du pays sont à la fois exogènes et endogènes. Aussi, nous avons été satisfaits de savoir d'autres paramètres socioculturels pouvant favoriser la réconciliation et garantir la paix sociale définitive.

5. Chapitre 1. La Côte d'Ivoire et la situation sociopolitique

1.1.Analyse spatio-temporelle

La Côte d'Ivoire, à l'instar de nombreux pays, tient une place prépondérante sur le globe terrestre. Située sur le littoral, ses atouts naturels, son histoire constituent à la fois ce qui fait d'elle une figure emblématique d'eldorado et un pôle d'attraction pour biens de ses voisins et ceux d'ailleurs. Dans le parcours qui s'offre à cette partie de notre réflexion, nous montrerons de manière séquentielle les différents aspects de ce pays. Ceux-ci objectivement aideront à tous de mieux s'imprégner de quelques caractéristiques essentielles de ce pays et par la suite de comprendre aisément la fracture sociale survenue durant l'époque qui encadre cette étude.

1.1.1. Situation Géographique de la Côte d'Ivoire[1]

La situation géographique de la Côte d'Ivoire ne saurait être définie davantage sans la mettre en rapport avec le continent africain. Ainsi, pour entreprendre cette localisation, voudrions-nous de façon succincte la présenter d'une part en lien avec les autres nations et d'autre part ce qui relève de sa particularité.

1.1.1.1. Côte d'Ivoire vue dans l'Afrique[2]

La Côte d'Ivoire est un pays de l'Afrique de l'ouest située au sud du Sahara, dans l'hémisphère nord entre le tropique du Cancer et l'Equateur. Elle est bordée par cinq pays dont deux sont anglophones et trois francophones. A l'Est se situe le Ghana (Anglophone) ; au Nord-est le Burkina-Faso ; au Nord-ouest le Mali ; à l'Ouest-nord la Guinée et à l'Ouest-sud le Libéria (Anglophone). L'Océan Atlantique situé au Sud du pays fait d'elle un pôle d'attraction de toute la sous-région. La Côte d'Ivoire dispose d'une superficie de 322.463 Km^2[3]. Sa frontière s'étend sur une distance de 3110 Km qu'elle partage avec les cinq (5) pays qui l'environnent. La carte ci-dessous illustre la Côte d'Ivoire dans l'ensemble régional Ouest-africaine.[4]

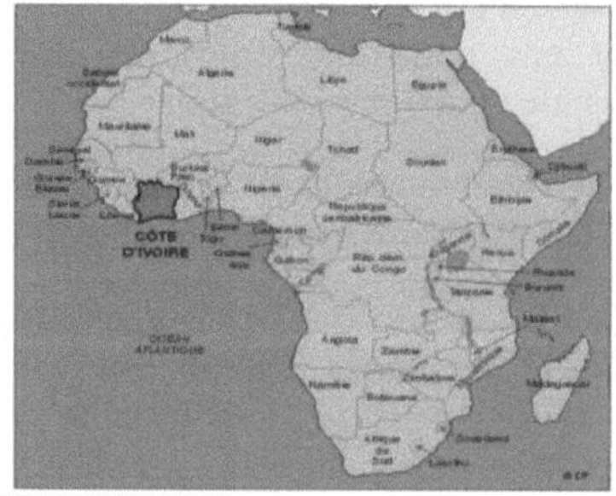

---

[1] DE CALAN Didier, CATACH Laurent (sous la dir.), *Dixel Dictionnaire R Le Robert*, Nouvelle Edition millésime, Paris, Brodard Graphique, 2011, p. 448. Col. 1.

[2] NANTET Bernard, *Côte d'Ivoire*, dans *Encyclopaedia Universalis*, Corpus 6, Climatologie – Cytologie, s,n, Paris, Encyclopaedia Universalia, 1996, p. 662. Col. 2.

[3] DE CALAN Didier, CATACH Laurent (sous la dir.), *Op. Cit.*, p. 447. Col. 3

[4] La Carte de la Côte d'Ivoire dans l'Afrique [en ligne]. 2021. Disponible sur «*https://les-cm2-de-saint-ex.eklablog.net/expose-cote-d-ivoire-arnaud-a128641246*». [Consulté le 26 janvier 2021].

Le cadre géographique de la Côte d'Ivoire présente un paysage reparti en trois grands blocs de l'Est à l'Ouest : la forêt au Sud, la savane arborée au centre et la savane herbeuse au nord. Le centre ouest présente principalement une végétation particulière en raison de son paysage montagneux, forestier et de nombreux parcs touristiques naturels. De manière longitudinale, quatre (4) grands cours d'eaux et leurs affluents traversent tout le territoire ivoirien pour se jeter dans le Golfe de Guinée au Sud. De l'est à l'ouest, ces cours d'eaux (fleuves) se nomment : le Comoé, le Bandama, le Sassandra, et le Cavally.

Les avantages naturels et économiques dont dispose la Côte d'Ivoire sur l'ensemble de son territoire ont favorisé de nombreuses localités qui sont devenues de grands centres cosmopolites ultra-urbains. Outre ces villes, nul ne doute de savoir qu'Abidjan situé au sud en bordure de l'Océan Atlantique est la capitale du pays depuis 1960. Cependant, en 1983, la ville de Yamoussoukro situé au Centre à 274 Km d'Abidjan deviendra elle aussi la capitale politique. Située dans la bande transversale du Nord, à 107 Km de Yamoussoukro, la ville de Bouaké a l'avantage d'être le centre économique de cette région. Toutes ces localités, depuis 2002, n'ont cessé d'être des régions de conflits. Dans les paragraphes qui suivront, nous tenterons d'examiner la vie politique ivoirienne d'avant et pendant la guerre. Faudrait-il signifier formellement l'idée après la guerre ? Déjà, nous rappelons que notre réflexion participe à la recherche des conditions du vivre ensemble gage de la paix véritable. En effet, les espoirs et les efforts placés sur le retour sans condition de la paix restent mitigés. Sans être trop prétentieux et s'égarer de notre objectif, examinons au préalable le contexte historique de la Côte d'Ivoire.

1.1.2. Situation historique de la Côte d'Ivoire[2]

A bien des égards, la situation historique de la Côte d'Ivoire semble s'apparenter à celle de ses voisins. Des péripéties allant des plus simples aux plus audacieuses ont progressivement envahi son parcours faisant d'elle maintenant ¨un rescapé qui attend le bon Samaritain¨. Sans vouloir inventorier tous les aspects du passé, nous voudrions simplement présenter trois que nous jugeons opportun pour notre étude. D'abord, nous analyserons les conséquences des conflits armés dans la sous-région. Ensuite, la conséquence de l'indépendance et le ¨miracle Ivoirien¨. Enfin, le coup d'état militaro-politique de 1999 à la guerre de 2011.

La période qui couvre quasiment les indépendances des pays de l'Afrique occidentale française a été véritablement des moments de grandes ébullitions. D'abord, la Guinée d'Ahmed SEKOU TOURE a vu s'effondrer son système économique et administratif. Le pays se trouve dans un tourment de pauvreté galopante avec des conséquences collatérales tant au plan de l'état désastreux des travaux publics, la précarité des systèmes éducatifs et sanitaire, qu'au plan de la

---

[1] NANTET Bernard, *Côte d'Ivoire*, dans *Encyclopaedia Universalis*, Corpus 6, Climatologie – Cytologie, s,n, Encyclopaedia Universalia, *Op. Cit.*, p. 662. Col. 2.
[2] NANTET Bernard, *Côte d'Ivoire*, dans *Encyclopaedia Universalis*, *Op. Cit.*, p. 662. Col. 2.

condition de vie et alimentaire. De nombreux guinéens, en quêtent de condition de vie mieux reluisante partent hors du pays. La Côte d'Ivoire, pays limitrophe devient, dès lors, leur lieu d'accueil. Cette tragédie de Guinée fait suite à la réclamation de l'indépendance et la rupture immédiate des relations diplomatiques avec la France le 2 octobre 1958.

Ensuite, quelques années à la suite de la crise guinéenne[1], le 6 juillet 1967 jusqu'au 15 janvier 1970, le Nigéria entre dans une guerre civile meurtrière. Les hostilités qui n'ont duré presque trois ans a vu se succéder plus d'une dizaine de coups d'Etat. La population désœuvrée et apeurée s'est réfugiée dans les pays voisins. La politique étrangère du président Félix HOUPHOUET BOIGNY a permis d'accueillir une grande partie de la population de Biafra en Côte d'Ivoire. A ce jour, on y trouve encore une frange de cette population avec un quartier dénommé Biafra dans la commune de Treichville à Abidjan.

Enfin, outre la Guinée et le Nigéria, le Mali et le Ghana ont connu des moments très tumultueux dans leur histoire. D'une part, le 19 novembre de l'année 1968, le Mali plonge dans un champ d'horreur. Bien que ce premier coup d'Etat ne fût pas sanglant, il a occasionné tout de même des dommages collatéraux importants au plan culturel, politique, économique et structurel. En effet, ce coup d'Etat mettait fin au régime de Modibo KEITA et la prise du pouvoir par l'armée a engendré à tous les niveaux de la vie une récession. A la vue des exactions des milices, plusieurs Maliens ont préféré partir vers des contrées paisibles. Parmi ces terres d'accueils figure la Côte d'Ivoire, un des pays limitrophes du Mali.

D'autre part, le Ghana qui fait limite avec la Côte d'Ivoire, a connu de 1966 à 1980 une succession de coups d'Etat. A l'instar des autres pays aussi déstabilisés par des coups d'Etat qui ont occasionné des désordres, le cas du Ghana est encore pitoyable. Peu avant et voire après son indépendance, le pays s'est toujours confronté à de véritables problèmes de développement. Tous les projets en vue n'ont connu aucun essor de réalisation :

> *«Les perspectives du plan de développement financé de la sorte demeurent fragiles. Les projets du fleuve Volta et l'implantation d'une industrie d'aluminium ne sont pas près d'être réalisés. Les bailleurs de fonds étrangers restent réticents. La mobilisation des ressources internes rencontre des difficultés : la productivité agricole est basse, le marché interne est réduit, la main d'œuvre agricole, dans les conditions actuelles ne comporte pas d'excédent susceptible d'être employé dans l'industrie.»[2]*

Outre les difficultés financières à résoudre, la situation des régions du Nord et sa partie proche du Togo nécessite des interventions d'urgence. De 1966 à 1980, les coups d'Etat successifs ont réduit davantage le niveau de vie de la population. Ceux-ci, dans l'indigence totale trouvent aussi comme solution unique l'exil dans

---

[1] CHARLES Bernard, *Guinée*, dans *Encyclopaedia Universalis*, Corpus 11, Guerre et paix – incendies, Paris, Encyclopaedia Universalis, s.n, 1996, p. 53, Col. 2-3.
[2] FISCHER Georges, *Le Ghana, l'indépendance et ses problèmes* (politique étrangère n°2), Paris, Centre d'étude de politique étrangère, 1957, p.148.

les pays limitrophes. La Côte d'Ivoire accueille une partie de la population ghanéenne désemparée sur son sol à la suite des multiples coups d'Etat.

Nous tenons à relever ces détails parce que nous estimons qu'ils sont sans conséquences à l'enjeu politique actuel de la Côte d'Ivoire. Aussi, nous pensons que la bonne compréhension de ces différents aspects pourrait contribuer largement à trouver une voie de sortie de la crise qui prévaut présentement dans le pays. Avant tout autre démarche, observons la situation de ce pays hospitalier de l'indépendance au ¨miracle ivoirien¨.

1.1.2.2. De l'indépendance au ¨miracle ivoirien[1]

La Côte d'Ivoire, cette colonie française, a acquis son indépendance à l'instar de plusieurs pays de l'AOF (Afrique Occidentale Française) à l'exception de la Guinée, le 7 août 1960. Depuis lors, bien qu'il y eût au début des répressions violentes pour empêcher la partition du pays dans l'affaire de Kragbé Gnangbé,[2] les Ivoiriens ont été nourris et éduqués à la culture de la paix, de l'Amour et de l'hospitalité comme le stipule leur hymne national. La devise de la Côte est : Union, Discipline, Travail. Durant une décennie, la conscience de la population en cette devise a permis de forger, une nation prospère. Cette période évoque la notion du ¨miracle ivoirien¨. D'une part, nous n'oblitérons pas la métropole (la France) pour sa politique France-Afrique qui se trouve confrontée au besoin d'un ¨portail¨ rassurant. La Côte d'Ivoire faisant exception aux multiples violences parait pour celle-ci le cadre idéal pour une politique au contour mal définie. La raison pourrait être également tout autre pour Bernard HOUDIN :

> *«Le président ivoirien a été, en effet, plusieurs fois ministre en France, sous la IVe République et la Ve République, et sera également, sous la conduite de Michel Debré l'un des rédacteurs de la constitution de la Ve République. On lui attribue aussi la paternité du «Françafrique» qui va baliser la politique française en Afrique jusqu'aujourd'hui, malgré de nombreuses et sans lendemain promesse de démantèlement du système par la France.»* [3]

La relation du président ivoirien, Félix HOUPHOUET BOIGNY, avec les autorités françaises sera renforcée par la coopération militaire, politique et économique. Pendant des décennies, la coopération française en partie facilite la stabilité de la Côte d'Ivoire. L'économie devient prospère grâce au travail de la masse de la population en exil. Le prix des produits agricoles (Cacao et café) en hausse la Côte d'Ivoire devient l'élite des producteurs mondiaux. Grâce à sa stabilité, une part importante des productions économiques de la sous-région est acheminée au port d'Abidjan. La Côte d'Ivoire devient un centre international d'échanges commerciaux avec une économie en croissance. Malheureusement, les

---

[1] NANTET Bernard, *Côte d'Ivoire*, dans *Encyclopaedia Universalis*, Corpus 6, Climatologie – Cytologie, s,n, Encyclopaedia Universalia, *Op. Cit.*, p. 662. Col. 3.

[2] L'éditorial de Dona FOLOGO Laurent dans le quotidien Fraternité Matin du 22/12/1967.

[3] HOUDIN Bernard, *GBAGBO un homme, un destin, Chronique d'une victoire annoncée : Côte d'Ivoire 1990-2018*, France, Max Milo, 2019, p. 17.

querelles politiques à partir de 1995 s'intensifieront pour devenir une crise militaro-politique

1.1.2.3.   Du coup d'Etat militaro-politique à la guerre de 2011

A l'instar des autres nations de la sous-région, la Côte d'Ivoire ne restera pas épargnée à de graves crises. Le printemps du multipartisme en Afrique fait son irruption dans la politique ivoirienne dès 1990. A partir de cette année, comme par coïncidence, la Côte d'Ivoire fait face à de nombreuses difficultés au plan politique, économique et social. L'opposition devient de plus en plus intransigeante. Ironie du sort, neuf (9) ans d'agitations, de délations, d'injures et d'épithète du même genre suffisent pour que survienne le tout premier coup d'Etat de 1999 qui consacre le pays dans une violence continue. La constitution du pays semble aussi bien inappropriée que la force des armes et de la corruption. L'instabilité atteint son niveau le plus élevé. La condition des immigrés et des exilés ainsi que leurs enfants nés sur le sol ivoirien, posent le problème d'identité. Pour enrichir des opinions à caractère politique, des récupérations, des concepts tels que ''régionalisme'', ''étrangers'', ''ivoirité''[1] se développent à une vitesse exponentielle. Sous la bannière de leur religion (chrétienne et musulmane), quelques adaptes affichent leur dévolu à tel parti politique faisant croire que les confessions religieuses sont opposées. Heureusement, le collectif des religieux multiplie les rencontres pour appeler les ivoiriens au calme et à la paix :

> *«La paix est un désir tellement ancré dans le cœur de l'homme qu'il éclate spontanément dans ses salutations mais aussi dans ses soucis. Nous voulons la paix ! C'est le cri qui monte aujourd'hui du cœur de tous les enfants, des jeunes et des adultes de ce pays, toutes couches sociales, toutes régions, toutes confessions religieuses confondues.»* [2]

Dès 2002, une armée de rebelles venue du Burkina-Faso s'établit dans la partie nord de la Côte d'Ivoire, après son échec de s'emparer du pouvoir d'Abidjan. Le pays est divisé en deux zones militaires. Le politologue, professeur en sciences politique à Paris, Richard BANEGAS explique avec plus de clarté la provenance et les acteurs de premier plan de cette rébellion :

> *«L'implication du Burkina-Faso – mais aussi du Libéria – dans le conflit Ivoirien ne fait désormais plus guère de doute. Si les preuves tangibles restent difficiles à établir, nombre d'indices convergent vers Ouagadougou et l'entourage du Président COMPAORÉ. En premier lieu, l'activisme dans la capitale Burkinabè de militaires Ivoiriens en rupture de ban qui sont aujourd'hui à la tête de la rébellion. L'histoire de ces sous-officiers, tels Ibrahim Coulibaly, dit IB, Tuo Fozié, Cherif Ousmane, membres de la milice Cosa Nostra sous la junte de Gueï, qui*

---

[1] THIEMELE, Boa Ramses. *Ivoirité, Identité culturelle et intégration Africaine : logique et dédramatisation d'un concept,* Sinergies Afrique Centrale et de l'Ouest, 2009, n°3   p75-83 Disponible sur «boa.pdf (gerflint.fr)». [Consulté le 24 janvier 2021].

[2] *Politique. Les chefs religieux appellent les Ivoiriens au calme* [en ligne]. mercredi 3 novembre 2010. Disponible sur «https://news.abidjan.net/h/379084.html». [Consulté le 9 janvier 2021].

se réfugièrent à Ouagadougou après les purges de l'été 2000, est assez bien connue. Logés dans des villas prêtées par le gouvernement Burkinabè...» [1]

Les forces impartiales de la France et de l'ONU tentent en vain la médiation jusqu'aux élections de 2010. S'il est vrai que l'élection est la voie de la démocratie dans tous les pays, il est sans ignorer qu'en contexte de rébellion, sans désarmement elle ne peut qu'activer le conflit. Sans user de diplomatie et loin de la sagesse, la force des armes a eu raison sur la logique démocratique pour décrisper les esprits.

Ce fragment chronologique ne constitue qu'un tremplin pour se projeter dans l'arène de la politique ivoirienne. La crise militaire constitue une impasse qui s'ajoute aux multiples difficultés existantes aux quelles les autorités tentent en vain de résoudre. Notre recherche veut circonscrire les raisons profondes de la fracture sociale. Cette préoccupation nous oriente vers l'analyse politique que la Côte d'Ivoire afin de mieux cerner le contour de cette crise.

1.2.Analyse politique

L'analyse de la politique, dans cette partie de notre étude, vise à observer trois aspects importants : la situation du pays avant la guerre, les zones de conflits et les stratégies de résolutions des conflits mises en place. Dans un premier temps, comment la Côte d'Ivoire se définit à présent ?

1.2.1. Pays d'hospitalité ou une zone de conflit ?

Les Ivoiriens, depuis 1960 ne pouvaient s'imaginer une Côte d'Ivoire autre que paisible et hospitalière. Ce pays se découvre maintenant en tant que victime des inconvénients de sa fâcheuse inertie. Cette étude ne saurait être satisfaisante si elle ne procède pas souvent à un regard rétrospectif sur une Côte d'Ivoire jadis prospère.

1.2.1.1.   Les foyers de conflits en état latent

La Côte d'Ivoire indépendante, c'est aussi la course à la recherche d'une économie forte. Tout le regard se tourne vers l'activité agraire pour accroitre le potentiel économique du pays. L'avantage de cette nation se situe au niveau du fait que toutes ses zones sont propices aux activités champêtres. Cependant, la zone forestière, depuis le Sud-est jusqu'au Sud-ouest, réputée pour l'agriculture du cacao et du café a été un environnement tant convoité. D'ailleurs, c'est grâce à l'agriculture du cacao, depuis les années 1970, que la Côte d'Ivoire s'est hissée au rang de premier producteur mondial jusqu'à présent.

Cependant, cette course à la recherche d'une économie forte ne s'est pas effectuée sans conséquence. En effet, durant le printemps des coups d'Etat des pays de l'Afrique de l'Ouest surtout, nombreux sont les exilés et plus tard des migrants

---

[1] BANEGAS Richard et OTAYEK René, *Le Burkina- Faso dans la crise Ivoirienne, Politique Africaine* n° 89, *La Côte d'Ivoire en guerre*, Paris, Karthala, 2003, p.74.

volontaires qui ont eu pour territoire d'accueil la zone forestière. La communauté burkinabé a été bien accueillie. En revanche, elle constitue cette élite paysanne qui a donné le coup d'accélérateur de la production du café et du cacao. On estime que cette communauté est environ 3,5 millions[1] personnes sur le sol ivoirien.

D'autre part, la stabilité politique a été un ¨atout majeur¨ pour le développement de la Côte d'Ivoire. Le Président Félix HOUPHOUET-BOIGNY, leader de l'unique parti PDCI (Parti Démocratique de Côte d'Ivoire) a exclu au début l'alternance politique. Le cas de Kragbé GNAMGBE susmentionné illustre la vision du parti unique. La politique extérieure favorable aux immigrés a permis à la Côte d'Ivoire d'accueillir de nombreuses compétences extérieures. Ce qui explique la croissance de l'économie nationale et la prospérité dont les Ivoiriens ont fait preuve pendant des années. Bruno LOSCH, chercheur Français en économie politique stipule sur l'aspect exceptionnel de Côte d'Ivoire en matière d'immigration :

«Le pays possède l'un des plus forts taux mondiaux d'immigration-, qui a largement soutenu la croissance par l'apport de main-d'œuvre et de travailleurs qualifiés en provenance de l'ensemble de l'Afrique de l'Ouest, mais aussi de l'Europe et du Liban.» [2]

Nonobstant l'aspect économique dont l'apport des migrants ont fait preuve, on note aussi que la surproduction du cacao a fait chuter le prix. Pour Judith RUFF :

«La Côte d'Ivoire est victime de son succès cacaoyer. La production a été multipliée par dix en trente ans (85 000 tonnes en 1960, 800.000 en 1992) ; le pays est devenu le premier producteur de cacao du monde : 32% de fèves vendues dès 1988, plus de 40% au début du XXIe siècle. Or l'Indonésie et la Malaisie se mettent elles aussi à fournir le marché. L'offre dépasse la demande, c'est la surproduction, les prix glissent vers le bas. La chute des prix grève le budget national et serre les ceintures paysannes. Les petits planteurs, socle de la nation houphouetienne, tirent de plus en plus la langue.» [3]

La ruée vers ce produit prisé des nations étrangères perd sa valeur marchande. Même si le pays garde toujours son rang de leader mondial, il va sans dire que le ¨miracle ivoirien¨ désormais s'apparente inéluctablement à un mirage. Les pauvres paysans sont désorientés. En 1987, le kg de cacao est réduit de 1000 f CFA à 450 f CFA[4]. L'année suivante, le prix est réduit de nouveau de moitié (250 f CFA). La population ivoirienne est stupéfaite face aux diminutions du prix du cacao. Cette problématique a créé non seulement la chute des propriétaires terriens mais surtout le relèvement de nombreux ouvriers. En effet, les petits paysans abandonnent leur champ aux mains des ouvriers. Désormais, c'est à ceux-ci que

---

[1] Ce chiffre est une estimation du Conseil supérieur des burkinabés de l'extérieur relevé par LABERTIT Guy, *Côte d'Ivoire, sur le sentier de la paix*, Gémenos, Autres Temps, 2010, p. 85.

[2] LOSCH Bruno, *La Côte d'Ivoire en quête d'un nouveau projet national* (Politique Africaine n°78), Paris, Karthala, 2000, p. 7.

[3] RUFF Judith, *La Côte d'Ivoire : Le feu au pré carré*, Paris, Autrement Frontière, 2004, p. 16.

[4] CFA (Communauté financière Africaine) ; 1€ vaut 655, 96 f CFA.

revient parfois le privilège de vendre le produit en temps voulu et au gré de leurs humeurs partagent le revenu avec le propriétaire. Malheureusement, au fur du temps, la nature des relations convergent vers la copropriété des parcelles en exploitation. Jusqu'à présent la copropriété tout comme le bradage des parcelles n'avaient toujours pas été une aubaine pour quiconque ne figure pas dans le droit de succession. Cette vérité incontournable est indispensable pour le missionnaire de l'Eglise qui cherche à redorer l'image d'une société défigurée par la fracture sociale. Le non-respect ou l'ignorance du principe de succession dans le milieu rural provoque des querelles farouches au sein des familles. Cette autre parenthèse que nous allons parcourir met en exergue les conflits fonciers ruraux qui parfois divise les familles et crées des conflits intercommunautaires : autochtones, allogènes et étrangers.

1.2.1.2.   Les Conflits fonciers ruraux

Les temps ont changé. Pendant longtemps, en Afrique en général et en Côte d'Ivoire en particulier, le droit de succession ne se discute pas[1]. Les héritiers directs pouvaient ¨perdre¨ tout leur droit au profit d'un oncle ou d'un frère ainé. Le droit civil également était peu regardant. Parce que les parties soit ignoraient, soit ne trouvaient aucune importance à l'action de la justice. Durant ces époques antérieures, la charité familiale était sincère et ne souffrait d'aucun doute. Cependant, de nos jours, personne ne veut être au dépend de personne. Le droit de succession est inaliénable.[2]

Malheureusement, l'on assiste encore dans certaines circonstances, des enfants du de cujus expropriés de leur droit. D'autres assistent impuissamment leur propre géniteur entreprendre des closes ¨confligènes¨[3] avec des tiers. Lorsqu'il advient le temps de la réclamation d'une propriété familiale, l'on s'oppose avec le prétexte que la plantation ou la forêt a fait l'objet d'une vente ou d'une hypothèque. Lesquels prétextes mettent en difficulté la procédure de restitution et d'acquisition du patrimoine familiale. Cette conduite inadmissible et insoutenable de certains autochtones et de certains immigrés, n'en est pas une. Cela suscite parfois des ressentiments qui de peu occasionne de violents conflits entre les individus et par voie de conséquence entre les communautés supposées vivre paisiblement.

---

[1] Société. Les droits à la succession, un sujet épineux 12 décembre 2008. Disponible sur «https://www.jeuneafrique.com/146097/societe/les-droits-la-succession-un-sujet-pineux/». [Consulté le 20 janvier 2021].

[2] En Côte d'Ivoire les successions sont régies par la loi n°64-379 du 7 octobre 1964, relative aux successions. Elle réglemente notamment, les conditions d'ouverture de la succession, la procédure à suivre pour entrer en possession de son héritage et le partage des biens. Cf. Maître Bertin Paul-Arnaud ZEHOURI, Notaire. Côte d'Ivoire - Héritages et droits de succession : A qui profitent-ils [en ligne] ? 9 juin 2015. Disponible sur «Côte d'Ivoire - Héritages et droits de succession : A qui profitent-ils ? - Abidjan.net». [Consulté le 10 janvier 2021].

[3] Confligène : ce thème est utilisé pour la première fois dans le cadre des élections de 2020 par l'opposition face aux dispositions électorales qui présentent des irrégularités et susceptible d'occasionner des troubles postélectoraux. Cf. KOFFI Serge Alain, ¨La Commission électorale est confligène¨ en Côte-d'Ivoire, Bédié n'en veut toujours pas [en ligne] ! 11 novembre 2019. Disponible sur «"La Commission électorale est confligène" en Côte-d'Ivoire, Bédié n'en veut toujours pas ! - Connectionivoirienne.net». [Consulté le 10 Janvier 2021].

Il convient de relever aussi que depuis la période de 2000 et même avant, l'avènement de l'hévéa culture a fait surgir une conduite empreinte de graves polémiques. Le succès financier de cette activité est de l'inédit. Des petits planteurs engrangent mensuellement des sommes énormes, dignes du salaire de hauts fonctionnaires. C'était donc l'occasion pour certains gestionnaires des biens familiaux d'abuser de leur responsabilité surtout dans le domaine du foncier rural[1].

Des parcelles dites familiales sont bradées à des étrangers, de fois mise en vente aux plus offrants, voire vendu à plus d'une personne à la fois. Dans ce domaine, la malhonnêteté ne cesse de progresser. Et les crimes odieux vont de bon train de manière discrète. Pour ceux qui semblent jouer au légaliste, les contrats sous seing privés sont parfois confus et ne font pas preuve de bonne foi. Cette démarche imprudente qui ne trouve pas l'assentiment de tous les ayant droit, donne lieu très tôt à l'exhumation de la hache de guerre.

Une autre analyse porte sur la configuration de tous les villages dans le sud du pays. Les autochtones sont hospitaliers. Les non nationaux sont toujours la bienvenue. Cependant, les ressortissants du Burkina-Faso, en particulier développent rapidement l'esprit de groupe. On trouve donc dans chaque village un quartier typiquement Burkinabé qu'on nomme "Dioula-dougou."[2] Ceux qui ont des activités champêtres, préfèrent résider en permanence dans les campements des autochtones. Il faut dire que parfois dans certaines circonstances, il se développe rapidement des sentiments de méfiance, de suspicion, de vengeance, et lorsque tout dégénère, ce sont les innocents qui payent le plus lourd tribut.

Contre toute attente, il survient également des circonstances qui parfois entravent les relations entre autochtones et allogènes. Pour la comprendre interrogeons nous sur l'une des causes. Celle surtout qui s'appuie sur le jeu politique local qui oppose un autochtone et un allogène.

1.2.1.3. La nocivité du jeu politique local entre autochtone et allogène

«La Côte d'Ivoire est une et indivisible, laïque, démocratique et sociale. Son principe est le gouvernement du peuple par le peuple et

---

[1] La loi sur le foncier rural de 1998 interdit en effet l'accès à la propriété de terrains aux étrangers. Ils louent généralement à l'Etat les terres sur lesquelles ils ont fait prospérer des plantations. Mais là où le bât blesse, c'est qu'ils ne le savent pas toujours. Et que les autochtones sont souvent prompts à louer ou vendre leurs terres au plus offrant. Le document paraphé qui résulte de la vente n'a donc aucun cadre légal. cf. Loi n° 98-750 du 23 décembre 1998 relative au domaine foncier rural modifiée par la loi n° 2004-412 du 14 août 2004 [en ligne]. Disponible sur «LOI N98-750relativeaudomainerural (www.gouv.ci)». [Consulté le 10 janvier 2021].

[2] L'expression « Dioula » est un terme Bambara d'origine Burkinabé employé partout dans la Côte d'Ivoire et même dans la sous-région pour désigner les commerçants, généralement pratiquant de la religion musulmane. Il faut noter que ce terme étant employé dans le cadre du commerce, il englobe aussi bien les Guinéens, les Maliens. Loin d'être un terme péjoratif, il désigne l'activité commerciale. « Dougou » aussi désigne dans la langue Bambara : village. YAYA, Konaté, «Le dioula véhiculaire : situation sociolinguistique en Côte d'Ivoire» Corela. Cognition, représentation, langue, 2016, Vol. 14, n° 1, Disponible sur «Le dioula véhiculaire : Situation sociolinguistique en Côte d'Ivoire (openedition.org)». [Consulté le 23 janvier 2021].

pour le peuple. La souveraineté appartient au peuple. Aucune section du peuple ni aucun individu ne peut s'en attribuer l'exercice.» [1]

Ce principe d'ordre général définit vigoureusement l'impossibilité absolue d'un projet de balkanisation du pays. Aucun ivoirien, sur toute l'étendue du territoire, ne doit être considéré comme étranger. Dès lors, sa contribution au développement du pays est la bienvenue. Dans l'impossibilité d'une plus grande volonté de servir toute sa nation, son apport dans une localité ne devrait faire l'objet de mépris, de rejet, ou même de stigmatisation, de rappeler à l'ordre : lui indiquer qu'il n'est pas originaire d'ici. Mieux, comme l'on entend souvent dire : ¨c'est une affaire de l'ethnie locale. ¨ Cette manière de concevoir le jeu politique local est de nature contraire à la disposition de la constitution ivoirienne : *«Toute propagande ayant pour but ou pour effet de faire prévaloir un groupe social sur un autre, ou d'encourager la haine raciale ou religieuse est interdite.»* [2]

Cependant, depuis le début du multipartisme, la thèse du régionalisme, de ¨l'ethnicisme¨, voire la pensée ¨d'ivoirité¨ sont devenues récurrentes. Il n'est pas de légende ou du mythe que les ivoiriens dans certaines localités se vouent réciproquement des sentiments d'exclusions durant les processus électoraux. Jusqu'à une époque aussi récente, en 1990 en occurrence, les élections municipales et législatives se transformaient en période de bataille rangée entre les autochtones et les migrants ivoiriens. Notons que les Baoulés en particulier situé au Centre de la Côte d'Ivoire, constitue une population importante et majoritaire. Leur dévouement dans le domaine de l'agriculture a favorisé une importante migration d'une frange de la population dans tout le sud du pays. Ce groupe ajouté à la densité de la population burkinabé naturalisé (autorisé à voter depuis 1990) influence fortement les résultats des élections locales en faveur des candidats de la plus vieille formation politique : PDCI-RDA (Parti démocratique de Côte d'Ivoire-Rassemblement démocratique Africain). Les localités, qui désirent basculer la tendance électorale au profit de leur candidat et de leur parti, se trouvent confronté à la réalité de l'électorat de PDCI-RDA. On s'en souvient des expériences des années quatre-vingts (80) :

«En Côte d'Ivoire, l'ethnie reste une donnée importante du jeu politique, et les élections se trouvent dominées par le fait tribal, qu'il s'agisse de la candidature ou du vote. Aux conditions d'éligibilité prévues par la loi s'en superpose une autre, officieuse : l'appartenance ethnique. Les différentes élections de 1980 et 1985 ont montré qu'en dehors d'Abidjan et Bouaké, les candidats se présentent dans leur circonscription d'origine. Le « parachutage » est difficilement admis, et il existe une loi non écrite qui réserve les candidatures aux « fils de la région ». On a pu noter que sur les 147 élus des législatives de 1980, 5

---

[1] Loi n° 2000-513 du 1er aout 2000 portant constitution de la cote d'ivoire, Article n° 49, 50, 51. Cf. Côte d'Ivoire. Constitution 2016. Disponible sur «https://www.presidence.ci/constitution-de-2016/». [Consulté 23 janvier].

[2] Côte d'Ivoire. Constitution Ivoirienne de 2016, Titre premier : des libertés, des droits et des devoirs, Article10 [en ligne]. Disponible sur «https://mjp.univ-perp.fr/constit/ci2016.htm». [Consulté le 18-11-2020].

seulement n'étaient pas originaires de la région où ils ont été élus. Les électeurs votent, de manière générale, pour les candidats qui leur sont proches, géographiquement ou ethniquement.»[1]

Les élections locales sont à l'image des scénarios des élections présidentielles : le bourrage d'urnes, le trucage des résultats, les menaces verbales et physiques que le jeu politique local engendre. Gervais Sako BOGA retient que : *«En Côte d'Ivoire, depuis une trentaine d'années, ce sont les joutes électorales concernant l'élection du président de la république qui occasionnent des dizaines, voire des milliers de morts.»* [2]

La ferveur électorale vue dans le contexte de ¨leadership identitaire¨ décampe son objectif premier de contribution à l'amélioration de la condition de vie de la population, pour céder la place à un choix d'un simple candidat de l'ethnie locale. Si le problème de l'élection est devenu crucial, c'est que les dispositions prises par le pays pour conduire la Côte d'Ivoire sur la route du décollage de la démocratie, de la convivialité et de la paix ne sont plus respectés. Pour permettre d'éradiquer la pauvreté de l'esprit démocratique et les violences d'un autre âge dans toutes les localités du pays, il nous semble que l'insigne honneur devrait être placé sur la notion d'une *«Côte d'Ivoire une et indivisible.»*

Le concept de ¨l'ivoirité,¨[3] qui veut le meilleur pour le pays et promouvoir la fraternité nationale au détriment du régionalisme qui lui promeut l'exclusion des allogènes, devra être réévalué. Pour notre part, un concept ne vaut que par les valeurs qu'il prône. C'est dire que si la notion de l'ivoirité signifie : amour de sa patrie, solidarité entre les ivoiriens du Nord, du Sud, de l'Est et de l'Ouest, ou apporter sa contribution à la construction du pays, alors, il est important de la promouvoir. Contrairement à ¨l'ivoirité¨, la charte du nord lui affirme : *«Les Nordistes ne sont-ils pas les premiers à avoir foulé la terre d'Éburnie dès le XIIIe siècle ? La Côte d'Ivoire, notre Côte d'Ivoire appartient avant tout au Nordiste qui a toujours su défendre ses intérêts.»*[4] Si l'esprit du nationalisme hante plus d'une personne, force est de savoir que la majorité des pays de l'Union Européenne est sous le point d'être gagné progressivement par le nationalisme.[5]

---

[1] Côte d'Ivoire. Les étrangers votent [en ligne]. Décembre 1989. Disponible sur «Côte d'Ivoire : les étrangers votent* [Pierre-Claver Kobo] · GISTI». [Consulté le 21 janvier 2021].

[2] BOGA Sako Gervais, *Qui est le Président de la République ?* Angleterre, Mary Bro Foundation Publishing, 2017, p. 131.

[3] L'Ivoirité, loin d'être une idéologie excursionniste, xénophobe et raciste comme certains politiques et organismes internationaux ont voulu faire croire, il désigne plutôt une pensée idéologique propre à l'ivoirien : une pensée qui se veut une souveraineté (un savoir être) une identité culturelle (un savoir dire), et une créativité (un savoir faire). C'est donc la spécificité qui caractérise la personne de l'ivoirien. Ce par quoi il se reconnaît comme tel : (ethnie, politique, régional, social, histoire...). Cf. Archives. Comment est née «l'ivoirité» [en ligne]. 13 avril 2004. Disponible sur «Comment est née l'« ivoirité » – Jeune Afrique». [Consulté le 12 janvier 2021].

[4] SANDLAR, Christophe. ¨Le national-régionalisme de la charte du Nord,¨ Outre-terre, 2005/2 n° 11 page 295-307. Disponible sur «Le national-régionalisme de la charte du Nord | Cairn.info». [Consulté le 12 janvier 2021]

[5] Infographie. Les nationalistes gagnent du terrain dans les pays de l'Union Européenne [en ligne]. 6 juillet 2018. Disponible sur «https://www.la-croix.com/Monde/Europe/INFOGRAPHIE-nationalistes-gagnent-terrain-pays-lUnion-europeenne-2018-06-01-1200943765 ». [Consulté le 18-11-2020]

Aujourd'hui, au regard de tout ce qui précède, on se poserait la question de savoir si la volonté réelle y est pour aider les jeunes nations à atteindre un niveau de démocratie vraie ? Existe-t-il réellement la volonté de voir émerger la paix ? N'y a-t-il pas plutôt un secret désir de maintenir les jeunes nations dans les liens de la dépendance ? Pour répondre à ces interrogations, il importe d'analyser la situation de la Côte d'Ivoire dans un autre angle. Entre autres visions descriptives, nous voudrions privilégier la période (2002-2011) qui plonge la Côte d'Ivoire en guerre.

1.2.2. La Côte d'Ivoire une zone de guerre 2002 -2011

La période de 2002 à 2011 est marquée par la guerre. L'absence d'une politique sociale juste figure au premier plan des raisons de cette Crise. La propagande de la condition des immigrants n'est pas à exclure. Cependant, ces situations fondent-elles les raisons de la guerre durant cette décennie ? Pour mener à bien notre analyse sur la guerre de cette période, notre réflexion portera, d'abord, sur la partition du pays. Ensuite, nous examinerons les résolutions pour la formation d'un gouvernement de transition. Enfin, à l'aide des différents accords percevoir si la Côte d'Ivoire s'est remise sur le chemin de la démocratie et de la réconciliation.

1.2.2.1.   *La partition du pays dès 2002*

La nuit de 18 au 19 septembre 2002 restera certainement inoubliable dans l'esprit des Ivoiriens et de la population de la sous-région. A la surprise générale de la population, la Côte d'Ivoire est envahie par des troupes militaires.[1] L'Etat ivoirien décrypte la situation et informe la population de la réalité du contexte qui prévaut dans le pays. Pour le président de l'assemblée nationale de la Côte d'Ivoire, Monsieur Mamadou KOULIBALY :

> *«Des hordes d'assaillants venus du Burkina Faso, Libéria et*
> *d'autres pays de la sous-région se sont jetés sur elle avec une violence*
> *sans pareille dans notre histoire récente en tant que Nation.»* [2]

Le bilan de cette période fut dramatique en vie humaine. Le ministre Emile Boga DOUDOU[3], de nombreux agent de sécurités et leur famille sont exécutés[4]. Dans plusieurs localités du pays, les tueries ont atteint des limites inimaginables. C'est le cas des villages de Guitrozon, de Petit-Duékoué dans l'Ouest du pays[5] et d'Abobo une des communes du Nord d'Abidjan. Dans le Nord du pays, le fief des rebelles, les populations sont rançonnées quotidiennement. Une frange de la population d'Abidjan désemparée de voir les morts dans les rues se retirent

---

[1] Ce jour-là. Le 19 septembre 2002, une tentative de coup d'état ébranle profondement la Côte d'Ivoire [en ligne]. 19 septembre 2016. Disponible sur «Ce jour-là : le 19 septembre 2002, une tentative de coup d'État ébranle profondément la Côte d'Ivoire – Jeune Afrique». [Consulté le 12 janvier 2021].

[2] KOULIBALY Mamadou, *La guerre de la France contre la Côte d'Ivoire*, Abidjan, Ben-DECO, 2003, p.1.

[3] *Côte d'Ivoire. La mort de Boga DOUDOU sur vidéo* [en ligne]. 9 novembre 2013. Disponible sur «Côte d'Ivoire - La mort de Boga Doudou sur vidéo... - Connectionivoirienne.net». [Consulté le 18-11-2020)].

[4] Actualité. Massacre des gendarmes par les hommes du chef rebelle Soro Guillaume à Bouaké : Le rapport d'Amnesty international qui clarifie tout[en ligne]. 22 avril 2002. Disponible sur «Massacre des gendarmes par les hommes du chef rebelle Soro Guillaume à Bouaké: Le rapport d'Amnesty international qui clarifie tout (ladepechedabidjan.info)».[Consulté le 18-11-2020].

[5] Côte d'Ivoire. Nouveau bain de sang à l'ouest [en ligne]. 2 juillet 2005. Disponible sur «RFI - Côte d'Ivoire - Nouveau bain de sang à l'Ouest». [Consulté le 18-11-2020].

hâtivement de la ville. De nombreuses autorités du pays comme l'ex Président le Général Robert GUEÏ, le Colonel Loula DAGROU, et bien d'autres sont également exécutées. Les viols sur les femmes ou sur les enfants sont innombrables. Des actes de barbarie se multipliaient sur tout le territoire de la Côte d'Ivoire. Parmi ces exactions, on retient le braquage de la Banque Centrale des Etats de l'Afrique de l'Ouest (BCEAO) de Man, de Bouaké et de Korhogo par les rebelles et les militaires de l'armée Française (Licorne). Les différents montants emportés jusqu'à présent resteront inconnus de tous. Cependant les estimations faites s'élèvent à plusieurs milliards de francs CFA selon qu'un milliard de francs CFA vaut un million et demi d'euros.[1] De 2002 à 2010, la Côte d'Ivoire était devenue un pays infréquentable. De nombreuses entreprises ont subi la crise de plein fouet. Selon un rapport du président de la chambre de commerce et de l'industrie, Jean Louis BILLON, le tissu économique s'est fortement dégradé. Soixante-huit (78) grosses entreprises sont totalement détruites, vingt (20) autres ont décidé de se délocaliser hors de la Côte d'Ivoire, cent-six (106) restent encore fermées. Quant à la déclaration du président du mouvement des petites et moyennes entreprises (MPME), Daniel BRECHAT, sur les cinq-cents (500) PME cent-vingt (120) ont pratiquement disparu.[2] La Côte d'Ivoire est profondément atteinte par le marasme économique sans précédent.

Au-delà de ce bilan, une question subsiste. A qui profite cette rébellion ? Avec exactitude, il est impossible de révéler tous les commanditaires. Néanmoins un nom résonne de manière récurrente. La quasi-totalité des rebelles affirme qu'Alassane Dramane OUATTARA est le père de la rébellion. Bernard HOUDIN (journaliste, essayiste, historien, vice-président de la société Sherlock Holmes de France, chargé de cours à l'université de Heidelberg) cite un des chefs rebelles en ces termes :

> *«Sa participation active au montage et au financement de l'opération ne fait pas de doute, comme le démontrera, plus tard, la vidéo[3] d'un meeting de l'un des chefs de guerre les plus actifs dans l'exécution du plan sur le terrain, Koné ZACHARIA. Il présente explicitement le « docteur Alassane OUATTARA » comme celui qui leur « donnait vingt-cinq millions de francs CFA par mois quand ils étaient à Ouagadougou, et pour lequel ils avaient pris les armes.»[4]*

A l'évidence, l'intérêt pour Alassane OUTTARA dans la rébellion ivoirienne est surprenant. Fonctionnaire international et citoyen Burkinabé, il est hors de question qu'il soit impliqué dans une telle crise militaro-politique. Judith RUEFF révèle d'ailleurs très clairement la genèse de l'implication d'Alassane OUTTARA

---

[1] Côte d'Ivoire. Des militaires pilleurs de banque. [en ligne]. 21 septembre 2004. Disponible sur «<u>RFI - Côte d'Ivoire - Des militaires pilleurs de banque</u>». [Consulté le 18 novembre 2020].

[2] Le Jour, le quotidien de l'information Ivoirienne, du 21 décembre 2004

[3] Selon HOUDIN Bernard, Voir sur You Tube : Alassane OUTTARA : le père de la rébellion Ivoirienne.avi. [en ligne]. 26 octobre 2006. Disponible sur «<u>https://www.youtube.com/watch?v=XQiFp6qx6 E</u>». *[Consulté le 18 novembre 2020].*

[4] HOUDIN Bernard, *GBAGBO un homme, un destin, Chronique d'une victoire annoncée : Côte d'Ivoire 1990-2018, Op.Cit.*, p. 107.

dans la politique ivoirienne et les conséquences que cela engendre au sein de la classe dirigeante en 1990 :

> *«Sous la pression de ses amis et de ses créanciers, le chef de l'Etat doit accepter un numéro deux à côté : il nomme un gestionnaire, Alassane OUATTARA, au poste de Premier ministre. A charge pour ce haut fonctionnaire qui fit carrière hors du pays de remettre de l'ordre dans la maison Ivoire. Grincements de dents dans l'establishment abidjanais. L'épithète de «burkinabé» est immédiatement accolée au nouveau venu, qui a passé sa jeunesse au Burkina Faso où son père exerçait ses fonctions de chef traditionnel. «Je t'ai fait venir parce que tu n'es pas d'ici», lui aurait dit HOUPHOUET-BOIGNY.»*[1]

De cette précision, le doute sur la personne est dissipé. Malgré les rodomontades des autorités ivoiriennes sur l'origine du Premier ministre Alassane, il ne présente aucun démenti. La conception de "l'ivoirité", par ailleurs, fait surface et semble constituer un écran à l'ambition politique des personnes non citoyennes d'origine. La logique selon l'adage : «la fin justifie les moyens » seule pourrait s'avérer efficace. La rébellion ou la guerre devient la seule alternative pour résoudre la question d'ivoirité. Cependant, peut-on résoudre les questions idéologiques par les armes ? N'est-ce pas des humains qui deviendront des cibles ? N'est-ce pas des biens matériels, d'autres idéologies comme la fraternité, la démocratie, ainsi que le développement et l'économie qui seront impactés ? Est-ce aussi vrai que l'avidité au pouvoir a pour objectif de rechercher l'épanouissement de la population ? N'est-ce pas une aspiration qui se dévoue à rechercher sa propre satisfaction et celle de son clan ?

Certes, la question de l'exclusion est récurrente sur l'ensemble du territoire et les ressentiments vont bon train. Cependant, on ne peut les résoudre avec des armes. Il appartient aux pouvoirs publics d'aider les individus et les corps intermédiaires à prendre des initiatives qu'ils sont capables d'assumer seuls. Il ne s'agit donc pas pour les mêmes pouvoirs publics de se substituer aux particuliers et aux groupes. Cette initiative a comme fondement le fait que tous les hommes soient différents, mais demeurent des personnes au même titre. Chaque homme est une richesse irremplaçable, une source d'originalité et a quelque chose à apporter aux autres, et donc à la communauté entière. Cette logique met en présence des éléments importants sur lequel il convient de s'arrêter momentanément, pour savoir comment ils peuvent être gérés dans le contexte ivoirien. Simplement les aider à résoudre eux-mêmes leurs problèmes sans imposer de solution qui viennent de l'extérieur. Les ivoiriens ont la capacité de donner réponses aux défis auxquels ils sont confrontés. Ils jouissent de la capacité de s'organiser pour trouver des solutions.

Le 18 et 19 septembre 2002, l'usage des armes entre en jeu pour résoudre la question du mal-être causé par le ressentiment de "l'exclusion." Guillaume SORO (le rebelle) devenu Premier Ministre, explique les raisons de la rébellion, dans son œuvre intitulée *"Pourquoi je suis devenu Rebelle"* : *«L'une d'elle est l'ivoirité, le*

---

[1] RUEFF Judith, *La Côte d'Ivoire : Le feu au pré carré, Op.Cit.*, p. 17.

concept qui a conduit à l'exclusion d'une partie du peuple ivoirien : les nordistes.»[1]
Si cette rébellion aux premières heures a échoué et repoussé au nord par l'armée nationale et Française logée à Abidjan, force est de savoir que c'est maintenant tout commence. La partition du pays en deux est établie. La réconciliation devient une urgence. Mais quelle réconciliation ? Quel est le prix à payer ? Répondre par la négative c'est soumettre la Côte d'Ivoire en deux Etats distincts. Pour une première, les Ivoiriens auront des rebelles dans leur gouvernement. Comment serait-il possible de faire la part belle à une rébellion qui a échoué au début ?

1.2.2.2. Le gouvernement de réconciliation

Du 13 au 23 janvier 2003, une table ronde est dressée à l'initiative du président de la République Française Jacques CHIRAC. Les négociations pour aboutir à la paix et à la réconciliation se déroulent sous la supervision de : l'ONU, l'Union Africaine, la CEDEAO (Communauté Economique des Etats de l'Afrique de Ouest) et les partis politiques de la Côte d'Ivoire. Les parties belligérantes sont invitées à signer des accords de paix. Les finalités de l'accord de paix consistent à mettre fin aux hostilités, réclamer l'intégrité territoriale, le respect des institutions, la restauration de l'autorité de l'Etat, ainsi que la formation d'un gouvernement de réconciliation nationale.[2]

S'il est vrai qu'au sortir de cette rencontre les solutions proposées semblent satisfaire les belligérants ; la population n'est pas de cet avis. Les jeunes patriotes dénoncent la complicité de la France au côté des rebelles et imposent un sit-in de longue durée devant et à l'intérieur de la base militaire française de Port-bouët à Abidjan.[3] Le fossé entre le «Nord et le sud» est maintenant très visible. Certes la rébellion s'est imposée au Nord et a soumis la population. Mais pour certains sudistes, la rébellion est composée de nordistes. Le silence des pasteurs laisse à désirer. Malgré les accords de paix et la formation du gouvernement de réconciliation, des exactions sommaires sont loin d'être maîtrisées. Michel GALY le politologue et sociologue, chercheur au centre d'étude sur les conflits (Paris) rapport ce qu'un témoin interrogé dans les colonnes du journal Soir Info du 24 février, déclare ceci à propos des sévices faits sur les populations civiles à Toulepleu :

> *«Ceux qui ont été faits otages font l'objet de marquage distinctif qui consiste pour leurs ravisseurs soit à leur couper l'oreille, soit l'orteil ou tout simplement un doigt ». Face à ces atrocités sans nom et à la*

---

[1] SORO, Guillaume. *Pourquoi je suis devenu rebelle. La Côte d'Ivoire au bord du gouffre*, 2005, Hachette Littérature, (s.l), 176 p. Disponible sur «Guillaume Soro : le rebelle s'explique (afrik.com)». [Consulté le 13 janvier 2021].

[2] Archives. Les accords de Marcoussis[en ligne] le 24 janvier 2003. Disponible sur «RFI - Les accords de Marcoussis». [Consulté le 13 janvier 2021].

[3] Archive. Sommet France-Afrique 2003. Les négociations ivoiriennes font escale à Paris [en ligne]. 20 février 2003). Disponible sur «RFI - Sommet France-Afrique 2003 - Les négociations ivoiriennes font escale à Paris». [Consulté le 22 janvier 2021].

terreur semée dans la région, les paysans n'ont d'autres recours que de se réfugier dans les forêts.»[1]

Concrètement, la réconciliation au mépris des règles élémentaires de la démocratie et de la constitution s'apparente à une dictature. Laquelle semble viser uniquement à la sauvegarde des intérêts de l'oligarchie nationale et internationale. Le peuple en revanche reste la grande victime inconsolable. Toutefois, de tout ce qui précède, cette rencontre semble l'unique alternative pour aboutir à la réconciliation inévitable.

Malheureusement, l'acquisition du pouvoir par les armes est une réalité qui engendre un déséquilibre social difficile à résoudre. Cette pratique en ce XXIème siècle peut-elle s'inviter dans le contexte de la mondialisation ? La prise du pouvoir par les armes, n'est-elle pas une subtile stratégie de maintien des jeunes nations au stade de la mendicité et d'entraide humanitaire ?

Par ailleurs, qu'en est-il de la naturalisation des immigrés ? Selon le panel, cette question ne devrait pas constituer une raison majeure à la crise. Seulement, sa procédure relève de l'ignorance de certains immigrés. Néanmoins, il exhorte les autorités ivoiriennes à faciliter sa démarche.[2] L'inquiétude se tourne désormais vers l'atmosphère morose dans laquelle les ivoiriens se trouvent. La mission du gouvernement de réconciliation souhaité s'emploiera à relever ce défi. A savoir favoriser l'interrelation et surtout décrisper l'atmosphère. Comment faire pour que le regard sur l'autre ne décrypte plus son origine, son avoir, sa race ? Que faire pour que l'individu en face soit considéré comme une personne et rien d'autre ? Comment transformer les rapports entre les personnes en symbole de charité et d'amour ? Pour ce défi, chaque personne vivant dans ce pays a un sacrifice à faire. Qu'elle se détourne totalement de l'égoïsme pour emprunter le chemin du bien tant pour l'autre que pour soi-même. Mais à l'évidence, comment ce gouvernement va-t-il se prendre face à la liberté individuelle ?

Dans la perspective d'une société qui se veut humaine, toutes les actions, tant au plan culturel, économique, politique, devraient se polariser vers l'amour. Parlant du thème de l'amour, Jean-Paul II prolonge la prédication déjà initiée par Saint Jean

---

[1] Côte d'Ivoire. Pourquoi de 2002 à 2020 j'ai combattu les criminels de la rébellion (GALY Michel [en ligne]. 19 septembre 2020. Disponible sur «Côte-d'Ivoire: «Pourquoi de 2002 à 2020 j'ai combattu les criminels de la rébellion» (Michel Galy) - Connectionivoirienne.net». [Consulté le 22 janvier 2021].

[2] KOULIBALY Mamadou, *La guerre de la France contre la Côte d'Ivoire*, *Op. Cit.*, Nationalité, identité, condition des étrangers. p. 21-22.
La Table Ronde estime que la loi 61-415 du 14 décembre 1961 portant code de nationalité Ivoirienne par la 72-852 du 21 décembre 1972 fondée sur une complémentarité entre le droit du sang et le droit du sol, et qui comporte des dispositions ouvertes en en matière de naturalisation par un acte des pouvoirs publics, constitue un texte libéral et bien rédigé.
La Table Ronde considère en revanche que l'application de la loi soulève de nombreuses difficultés, soit du fait de l'ignorance des populations soit de pratiques administratives et des forces de l'ordre et de sécurité contraire au droit et au respect des personnes.
La Table Ronde a constaté une difficulté juridique certaine à l'appliquer les articles 6 et 7 du code de la nationalité. Cette difficulté est aggravée par le fait que, dans la pratique, le certificat de nationalité n'est valable que pendant 3 mois et que, l'impétrant doit chaque fois faire la preuve de sa nationalité en produisant certaines pièces. Toutefois, le code a été appliqué jusqu'à maintenant. P. 21.

Chrysostome sur la charité parfaite pour instruire l'agir du chrétien dans sa relation avec les autres :

> *«Le chrétien le sait: l'amour est la raison qui fait que Dieu entre en relation avec l'homme. Et c'est encore l'amour qu'Il attend comme réponse de l'homme. L'amour est de ce fait la forme la plus haute et la plus noble de relation des êtres humains entre eux aussi. L'amour devra donc animer tous les secteurs de la vie humaine et s'étendre également à l'ordre international. Seule une humanité dans laquelle règne la "civilisation de l'amour" pourra jouir d'une paix authentique et durable.»* [1]

Si la réconciliation a une connotation religieuse, il exprime une attitude d'attention et d'amour vis-à-vis de Dieu, mais surtout de l'homme. Alors, l'idée d'un gouvernement d'union nationale et de la réconciliation, vise à permettre la cohésion sociale au sein de la population. Il est une invitation à sortir de soi-même et à se lancer vers les autres. Malgré toutes les horreurs, le Nord et le Sud, les étrangers avec, ont besoin de vivre dans une Côte d'Ivoire unie et démocratique.

1.2.2.3. *De la réconciliation à la démocratie*

Depuis son indépendance en 1960, la Côte d'Ivoire a fait le choix de la démocratie comme vecteur indispensable de la cohésion sociale. Celle-ci a su protéger sa riche diversité ethnique, religieuse et culturelle. Par ailleurs elle a favorisé la présence d'une diversité d'immigré de la sous-région et d'ailleurs. Cette démocratie tient-elle à présent de soutien à la cohésion sociale ?

La démocratie est d'origine grecque. Composé de deux mots : demos (le peuple) et *cratos* (le pouvoir), il signifie le pouvoir par le peuple.[2] La Côte d'Ivoire a fait le choix de la démocratie représentative[3]. Cette forme procède par le vote des personnes qui vont prendre des décisions au nom du peuple. C'est dire que le pouvoir est détenu par plusieurs représentants du peuple.[4] Il est le contraire de la dictature ou de la monarchie. En Côte d'Ivoire, les pouvoirs sont séparés en trois : le pouvoir exécutif, c'est le président et son gouvernement, qui donne la direction au pays. Pouvoir législatif, qui vote les lois et le pouvoir judicaire qui vérifie que les lois sont bien appliquées. Ce dernier système garantit les libertés, l'égalité de tous les citoyens et le respect de la justice. Vivre en démocratie, c'est vivre avec des droits. Le droit de se déplacer librement, de pratiquer sa religion, d'exprimer son opinion.

---

[1] JEAN-PAUL II, *Compendium de la doctrine social de l'Eglise*, n° 582. [en ligne]. Avril 2005. Disponible sur http://www.vatican.va/roman_curia/pontifical_councils/justpeace/documents/rc_pc_justpeace_doc_200 60526_compendio-dott-soc_fr.html». [Consulté le 19 novembre 2020].

[2] *Par ici la démocratie. Qu'est-ce que la démocratie* [en ligne] ? Disponible sur «Qu'est-ce que la démocratie ? - Par ici la démocratie (pariciblademocratie.com)». [Consulté le 13 janvier 2021].

[3] *La Côte d'Ivoire. Constitution de 2016, Titre II : De l'Etat et de la souveraineté. Article 49*. [en ligne]. 2016. Disponible sur «Constitution de 2016 – Présidence de la république de Côte d'ivoire (presidence.ci)». [Consulté le 13 janvier 2021].

[4] *Ibidem* [Consulté le 13 janvier 2021].

Ce principe pourtant universellement explicite et inconditionnel, est-il celui qu'on découvre en Côte d'Ivoire ?

En 2010, après les élections démocratiques, les contestations des résultats provoquent la guerre en 2011 dans le pays. Les efforts consentis pour la formation du gouvernement de réconciliation semblent vains. Apparemment, le gouvernement de réconciliation de 2003 n'est pas parvenu à la réunification du pays. Jusqu'en 2015, le peuple est laissé pour compte. Le sort des exilés est moins préoccupant pour la justice. En revanche, les condamnations multiples de vingt (20) ans d'emprisonnement ferme effraient l'ensemble des exilés. Emile GUIRIEOULOU (ex ministre en exile) ne cache pas son ras-le-bol quand il dit : *«On est fatigué de rester ici, mais, on ne peut pas rentrer au pays pour être emprisonné et condamné à vingt (20) ans comme Hubert OULAYE.»* [1]

C'est aussi le cas pour GBAGBO Laurent, BLE Goudé Charles, AKOSSI Bendjo Noël, SORO Guillaume, tous condamnés à vingt (20) ans. Les quelques mesures, telles les audiences publiques, les quelques enveloppes d'argent, création d'orphelinat, prises pour réorganiser la population et renforcer la réconciliation nationale laissent percevoir qu'il s'agit des actes symboliques. Le Président de la Commission dialogue vérité et de réconciliation (CDVR), Charles Konan BANNY, au terme de sa mission de deux (2) ans, s'est indigner des moyens qui lui sont alloués.

«L'ex premier ministre ne dit pas que les ivoiriens se sont réconciliés. Car ''la réconciliation n'est pas mécanique... c'est une œuvre de longue haleine''. A-t-il reconnu. Pour que cette réconciliation soit effective, le président de la CDVR a indiqué c'est à travers la façon de gouverner, de rendre la justice, de se parler, de se considérer les uns les autres. Toutefois, il a un regret. Le fait que les audiences publiques des victimes des crises ne soient pas diffusées sur les antennes de la télévision nationale. Selon lui, une diffusion de ces images à la télévision aurait eu ''un effet catharsis'' sur la population. Il aurait voulu que les Ivoiriens se découvrent au miroir de leurs actes.» [2]

Quelle suite donner à ce rapport ? Le rapport de cette haute mission depuis un moment est resté sous scellé et sans suite. Pourquoi le grand public a-t-il ignoré du contenu de la mission de Charles Konan BANNY ? La raison est celle-ci :

«Préalablement gardé au secret, le rapport de la CDVR est désormais aux mains du grand public en raison de sa récente publication. Mais le Président OUTTARA aurait refusé d'appliquer certaines recommandations de Charles Konan BANNY, Président de l'institution. Le rapport de la commission Dialogue, Vérité et

---

[1] Côte d'Ivoire. Les exilés posent leurs conditions pour leur retour [en ligne]. 4 janvier 2018. Disponible sur «Côte d'Ivoire : Les exilés posent des conditions pour leur retour | Agence de Presse Régionale (apr-news.fr)». [Consulté le 13 janvier 2021].

[2] Réconciliation nationale. Charles Konan BANNY (CDVR) ''La mission est terminée, entièrement accomplie'' [en ligne]. 17 décembre 2014. Disponible sur «Charles Konan Banny (CDVR) : « la mission est terminée, entièrement accomplie» - Linfodrome». [Consulté le 18-11-2020].

Réconciliation (CDVR) a été publiée par le gouvernement ivoirien, le 25 octobre 2016. Toutefois, le contenu de ce rapport était sujet à caution. En effet, cette commission avait pour mission de s'engager dans une sorte de justice transitionnelle après avoir recueilli les causes des conflits successifs à travers le pays. Mais jusque-là, la réconciliation nationale est encore au poids mort et les Ivoiriens se regardent toujours en chiens de faïence. Cette responsabilité est donc imputée au Président Alassane Dramane OUTTARA.»[1]

La colère et la vengeance des Ivoiriens semblent en état latent pour s'enflammer au moment opportun. C'est pour cette raison que cette mission ne devrait pas s'arrêter sans l'assurance de la réconciliation effective. Deux années dévolues à la CDVR, semble insuffisant et empreint de mauvaise foi pour une superficie de 322.462 Km2 et une population de plus 26 millions d'habitants. A l'évidence, le retour à la démocratie est seulement à l'avantage des rebelles avec l'amnistie :

«L'article 1er du projet de loi stipule : «sont amnistiées de plein droit, quels que soient leurs auteurs, co-auteurs ou complices, réels ou présumés, militaires ou civils se trouvant sur le territoire national ou en exil, et quelles que soient leur nature et les peines qu'elles ont entraînées ou sont susceptible d'entraîner, les infractions contre la sûreté de l'Etat commises depuis les événements des 17 et 18 septembre 2000, celles en relations avec la crise de l'armée du 19 septembre 2002, ainsi que les infractions militaires que sont l'insoumission, l'abandon et la désertion.»[2]

Malgré l'existence des institutions démocratiques, la politique ivoirienne désormais se présente comme une forme de régime politique inqualifiable. Le pouvoir judiciaire semble être aux ordres du pouvoir exécutif. Ce dernier en collision permanente avec le pouvoir législatif, ne cesse d'emprisonner les députés de la nation et d'autres élus locaux.[3] La réaction virulente et expresse des parlementaires de la Francophonie est un indice de la démocratie bafouée sur le sol ivoirien :

«En début d'année, l'Assemblée parlementaire de la Francophonie (APF) avait déjà fait part de sa préoccupation et s'était dit "attentive au respect du statut du parlementaire". Plus récemment, le Comité des droits de l'Homme de l'Union interparlementaire, lors de sa

---

[1] Afrique sur 7. *L'actualité d'Afrique et du monde.* Côte d'Ivoire: Révélations sur le rapport caché de la CDVR de BANNY [en ligne]. 8 juin 2018. Disponible sur «Côte d'Ivoire: Révélations sur le rapport caché de la CDVR de banny (afrique-sur7.fr)». [Consulté le 14 janvier 2021].

[2] Côte d'Ivoire. La loi d'amnistie divise l'Assemblée [en ligne]. 4 aout 2003. Disponible sur «RFI - Côte d''Ivoire - La loi d'amnistie divise l'Assemblée». [Consulté le 14 janvier 2021].

[3] Cf., Pascal AFFI N'guessan, Président du Front Populaire Ivoirien et présent du Conseil Général dans le Moronou est détenu prisonnier pour défendre la violation de la constitution et le 3ème mandat du Président Alassane Dramane Ouattra. *Depuis plusieurs mois, les députés ivoiriens Alain Lobognon, Kanigui Soro, Soumaila Yao, Loukimane Camara et Kando Soumahoro sont incarcérés en Côte d'Ivoire.*

réunion du 29 mai dernier, s'est vivement inquiété de la situation de ces cinq députés qui sont toujours incarcérés sans jugement.» [1]

A l'analyse de ce qui précède, on pourrait se demander si le pouvoir ivoirien n'est pas sur le point de perdre sa crédibilité ? Retirer toute légitimité à un peuple est une prétention hautement démesurée. Peut-on disposer d'un pouvoir en dehors de celui du peuple ? Faut-il se soumettre à un pouvoir qui s'écarte de la volonté du peuple ? En s'appuyant sur l'expression *« vox populi, vos Dei »*, qui se traduit par *«la voix du peuple est la voix de Dieu »*, on comprend comment l'avis du peuple est important en démocratie. Il consacre la destinée de celui-ci sur la voie pacifique du dialogue et de la concertation. Le chrétien en revanche professe que tout pouvoir vient de Dieu. Dans une telle perspective de la vision chrétienne, le peuple appartient à Dieu, l'unique détenteur du pouvoir. Chaque élu dispose d'une autorité dont le fondement est en Dieu. En somme, le vrai pouvoir, résulte de la volonté de Dieu et le peuple lui reste soumis. Tout pouvoir contesté par le peuple mérité d'être discerné. Un pouvoir en dehors du peuple n'est que fébrilité et voué à disparaitre. C'est pourquoi, le soulèvement populaire est assimilable à la colère de Dieu. Autrement, on pourrait dire à la suite Gervais B. SAKO, Président de la FIDHOP (Fondation ivoirienne pour les droits l'homme et la vie politique) :

«L'on doit comprendre la formule ''la volonté du peuple est la volonté de Dieu'' autrement dit, lorsque plusieurs citoyens dénoncent et décrient une mesure ou critiquent de façon convergente un acte du gouvernement, comme cela s'aperçoit souvent dans les sondages d'opinion, c'est Dieu qui exprime ou qui parle. L'on pourrait ainsi dire en d'autre termes, que la volonté populaire est l'expression de la volonté divine.» [2]

L'Afrique tout comme la Côte d'ivoire a besoin de démocratie pour que la paix et l'entente entre les peuples soient parfaites. Sans la démocratie, les querelles fratricides empêcheront l'Afrique toute entière de connaitre le développement et de procurer aux peuples leur épanouissement total. Sur ce point l'ex président Américain OBAMA B. Hussein a tout à fait raison lorsqu'il dit : *«L'Afrique n'a pas besoin d'hommes forts mais de fortes institutions.»*[3]

On veut indiquer que chaque institution doit respecter de manière scrupuleuse sa vocation. C'est seulement sur ces bases que la démocratie peut triompher de la faiblesse de l'esprit humain. Par la suite, le peuple pourra tendre vers la cohésion sociale et le développement.

Après la guerre, les défis sont multiples. La reconstruction du pays est une urgence. Cependant, faudrait-il l'entreprendre au détriment du peuple ? Tout projet

---

[1] Côte d'Ivoire. Affaires députés Ivoiriens en prison. Bientôt mission de la commission politique de l'APF, 16 septembre 2020 [en ligne]. Disponible sur <u>«Affaire députés ivoiriens en prison | Bientôt une mission de la Commission politique de l'APF, en Côte d'Ivoire – FARAFINET</u>». [Consulté le 23 novembre 2020].

[2] BOGA Sako Gervais, *Qui est le Président de la République ? Op. Cit.,* p. 123-124.

[3] Le Monde Afrique. L'Afrique n'a pas besoin d'hommes forts mais de fortes institutions. [en ligne]. 13 juillet 2009. Disponible sur <u>«"L'Afrique n'a pas besoin d'hommes forts, mais de fortes institutions" (lemonde.fr)</u>». [Consulté le 23 novembre 2020].

de développement du pays vise l'épanouissement de la population. Ici, le contexte est tout autre. La majorité de la population se trouve dans l'indigence. L'insécurité règne à proximité de tous. Ainsi entreprendre une activité génératrice de revenu, attire la jalousie et les vols. Toute la population se suspecte. Ceux qui réussissent à entreprendre des activités économiques, travaillent parfois à perte. Parce que les charges supplémentaires sont élevées. Pour un observateur attentif, la pauvreté se lie sur les visages. Nombreuses sont des familles incapables de subvenir à leurs besoins élémentaires. Face à cette réalité, l'urgence serait-elle de construire des routes à péages, des ponts à péages, des airs de jeux, etc? Dire que la Côte d'Ivoire devient davantage belle, c'est une fierté pour tout le monde. En revanche, savoir que la paupérisation des classes moyennes gonfle en intensité et occasionne l'exil obligatoire en est une autre. Cette autre, c'est aussi l'humiliation, la maladie et la mort dans des conditions déshumanisantes. Plus qu'une urgence, il y a plutôt une obligation qui s'impose à l'Etat de Côte d'Ivoire. L'Etat ivoirien a l'obligation de se réconcilier avec sa population et la population avec elle-même.

Par ailleurs, il importe aussi que nous réfléchissions sur d'autres aspects constitutifs de la démocratie en Côte d'Ivoire. Nous constations que dans ce pays des valeurs (d'unité, de solidarité, de fraternité, d'hospitalité etc.) sont en veilleuse. Outre celles-ci, les valeurs culturelles et religieuses semblent être oubliées. C'est pour nous l'occasion de porter une observation sur ces éléments, qui depuis l'indépendance du pays, ont contribué à forger une côte d'Ivoire sans violence. Certainement qu'ils pourront nous conduire à comprendre pourquoi ces dernières décennies la population fait usage de la violence. Au-delà d'une frustration sans consistance, il s'agit d'envisager des solutions efficientes et plus durables qui respectent la personne humaine. Dans cette analyse politique nous découvrions progressivement que la fracture sociale s'est généralisée sur toute l'étendue du territoire ivoirien. C'est dire qu'aucun secteur de la vie de cette nation n'est épargné. C'est pourquoi, après une observation au niveau des structures étatiques, il est concevable qu'un regard plus optimal soit porté sur la culture et la religion. Cette démarche a pour initiative de comprendre l'Ivoirien sur le plan culturel et socioreligieux. Ceci pour mieux cerner la personnalité de l'Ivoirien et lui proposer une solution durable du vivre ensemble.

1.3. Regard anthropologique et religieux sur la population

La réalité anthropologique de la Côte d'Ivoire constitue un ensemble de plusieurs cultures et religions. Malgré la diversité des tendances, la cohabitation pacifique a été l'une des caractéristiques majeures du pays. Cependant, ces derniers moments la réalité est tout autre. Notre analyse anthropologique voudrait savoir l'origine de la crise sociale.

1.3.1. Regard anthropologique

Chaque homme est unique comme chaque groupe ethnique a ses spécificités. Etudier l'anthropologie ivoirienne, c'est pénétrer dans chaque culture pour connaitre sa spécificité. Dans cette analyse qui va suivre, nous voudrions prendre en compte quatre aspects anthropologiques : les ethnies, les organisations sociales, les non-nationaux et la conception de l'homme. Cette démarche a pour but de découvrir le fonctionnement des groupes et savoirs si la violence caractérise leur habitude.

1.3.1.1.   Les ethnies[1]

La Côte d'Ivoire constitue une véritable mosaïque ethnique. On n'exagérait pas avec l'emploi de l'expression ¨écosystème¨ pour évoquer la configuration et les difficultés que l'on rencontre quand il s'agit de citer les différents peuples. A ce jour, la grande majorité des Ivoiriens ignorent avec exactitude le nombre d'ethnie existant sur leur territoire. Le parcours éducatif également accorde peu d'importance à cette préoccupation.

De ce fait, devrons-nous laisser convaincre que l'ignorance de l'autre susciterait des tensions et des rivalités meurtrières ? Il est vrai que de nombreux ivoiriens ignorent certaines ethnies, cependant, cet aspect ne paraît pas lier à la crise ivoirienne. Certes, pour certains Ivoiriens, le territoire ivoirien compte cinquante-cinq (55)[2] ethnies, pour d'autres quatre-vingt-huit (88),[3] mais à ces estimations sans fondement, de façon formelle, l'Etat de Côte d'Ivoire garant du territoire affiche le nombre de soixante-cinq (65)[4] ethnies. Malgré tous ces chiffres avancés, précisons qu'il existe des subdivisions dans chaque ethnie qu'on pourrait qualifier de dialectes. Sans vouloir entreprendre une analyse détaillée des rapports ethnologiques, nous signalons au préalable que toutes les ethnies sont classées en quatre grands groupes selon les critères linguistiques : les Akan, les Krou, les Mandé, et les Gour que nous trouvons nécessaire de représenter sur cette carte de la Côte d'Ivoire. Cette mention permet une approche évidente de la disposition géographique de ces différents groupes ethniques.[5]

---

[1] L'ethnie se définit par un ensemble de traits culturels, dont la langue est une des composantes. Elle se réfère souvent à un ancêtre fondateur, mais l'enquête montre presque toujours que cette référence est mythique et que les ethnies en apparence les plus homogènes sont en réalité composites dans leur origines et leur formation. Jean, SURET-CANALE, *Afrique (Structure et milieu)*, Encyclopaedia Universalis, Corpus.1, Paris, Encyclopaedia Universalis, 1996, p.421. Col. 2.

[2] Microsoft Bing. La liste des ethnies de la Côte d'Ivoire [en ligne]. 2005. Disponible sur «https://www.bing.com/search?q=les+diff%C3%A9rentes+ethnies+de+la+C%C3%B4te+d%27Ivoire&qs =n&form=QBRE&sp=-1&ghc=1&pq=les+diff%C3%A9rentes+ethnies+de+&sc=0-27&sk=&cvid=068C0BDB9F014DF892D0316B429C4F16». [Consulté le 09-11-2020].

[3] Catégorie. Groupe ethnique en Côte d'Ivoire. In Wikipédia. L'encyclopédie libre [en ligne]. 10 juillet 2020. Disponible   sur «https://fr.wikipedia.org/wiki/Cat%C3%A9gorie:Groupe ethnique en C%C3%B4te d%27Ivoire». [Consulté le 09-11-2020].

[4] Institut Numérique. Les groupes ethniques [en ligne]. 25 septembre 2012. Disponible sur «https://www.institut-numerique.org/213-les-groupes-ethniques65-5061bdeb096c3». [Consulté le 11-11-2020)].

[5] Reseauivoire. La référence informatique de la Côte d'Ivoire. Les groupes ethniques [en ligne]. 2005. Disponible   sur   «https://rezoivoire.net/ivoire/ressources/288/les-groupes-ethniques.html#:~:text=Les%20ethnies%20les%20plus%20importante,0%2C7%25)%2C%20etc». [Consulté le 18 janvier 2021].

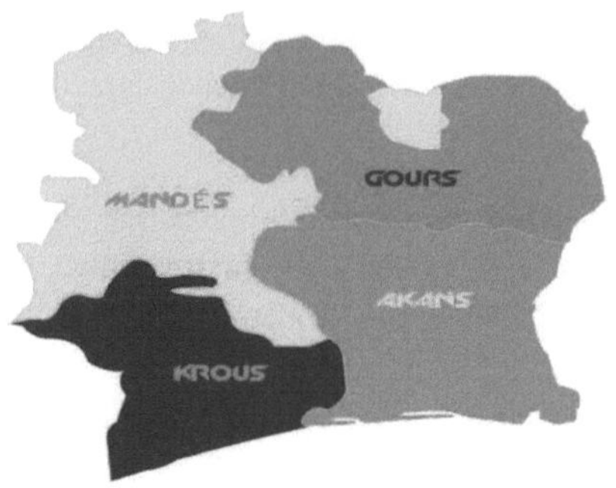

Les Akan. «Le XVIIIème siècle consacre les grandes migrations Akan (Agni, Baoulé, Atié, Abbey, Ebriés, M'Batto, Abidji) dans le Sud-est et le Centre du pays.»[1] Les Akan forment trois groupes (les Lagunaires au Sud ; les Baoulé-Agni au Centre ; les Frontaliers à l'Est). La migration s'est effectuée depuis les régions Est du pays. Notamment Bénin, Togo, Ghana où résident à présent d'autres Akan[2]. Depuis le XVème siècle, les Akan ont fait de l'or un bien précieux. Leur système politique se structure autour de la royauté pour ceux du Centre et les Frontaliers, et la chefferie pour les Lagunaires.[3] Chez les Akan, le système de parenté est la double-parenté ou double-filiation. En effet, l'enfant garde des liens solides aussi bien de son matrilignage que de son patrilignage[4]. Les Akan sont avant tout, agriculteurs, pêcheurs et chasseurs.

Les Krou (Kroumen) (Wés, Bété, les Aïzi, les Bakwé, les Wane, les Kuya, les Godié, les Dida, les Kodia, les Nyabwa) sont un peuple situé dans le Sud-ouest de la Côte d'Ivoire à la frontière libérienne. Au Libéria se trouve une partie des Krou. L'histoire des Krou remonte à l'époque des grandes migrations. Parti depuis le delta du Nil, ils ont migré du côté de l'actuel Guinée pour arriver à l'actuel site probablement entre le XVème et le XVIIIème siècle. Les Krou constituent un peuple de type lignager, à filiation patrilinéaire, à résidence patrilocale et à mariage virilocal. Leur organisation sociopolitique se repose sur l'unité territoriale et familiale.[5] La parenté chez les Krou est déterminante. L'ainé du lignage est la seule autorité incontestée. Aussi, le mariage en tant que créateur d'alliance est la clé de voute de l'organisation sociale.[6] Les Krou sont à la fois des pêcheurs et

---

[1] KIPPRE Pierre Aimé, *Histoire de la Côte d'Ivoire* (manuels du premier cycle), Abidjan-Paris, AMI-Edicef, 1992, p.25.

[2] WASSA Côte d'Ivoire. Les Akan [en ligne]. Disponible sur «ETHNIES DE COTE D'IVOIRE : LES AKAN (free.fr)». [Consulté le 15 janvier 2021].

[3] Le matriarcat Akan (Côte-de-l'or) : le sang et le sperme, le corps et l'esprit. [en ligne]. Disponible sur «Matriarcat Akan (Côte-de-l'Or) : le sang et le sperme, le corps et l'esprit | Le Mouvement Matricien (wordpress.com)». [Consulté le 15 janvier 2021].

[4] Akan mon peuple. In archive du blog [en ligne]. 3 avril 2007. Disponible sur «Akan Peuple et Culture (peupleakan.blogspot.com)». [Consulté le 15 janvier 2021].

[5] Office de la Recherche Scientifique et Technique Outre-mer. Centre de Petit-bassam - Sciences Humaines. Les Krou de la Côte d'Ivoire. [en ligne]. Février 1974. Disponible sur «https://horizon.documentation.ird.fr/exl-doc/pleins_textes/pleins_textes_7/b_fdi_57-58/010023785.pdf». [Consulté le 15 janvier 2021].

[6] Ibidem. [Consulté le 15 janvier 2021].

agriculteurs. Ils ont un régime alimentaire varié composé de riz, manioc, taro, banane plantain, etc.

Les Mandé (Malinké, Bambara, Dioula) ce nom vient de ¨Mandén¨ composé du préfixe ¨Man¨ qui signifie ¨lamantin¨ et du suffixe ¨den¨ qui signifie « enfant ». Mandé veut dire enfant du Lamantin.[1] Les guerres, la sécheresse, les risques de famine et l'épuisement des mines d'or ont contraint les Mandé, qui peuplaient le Sahel, à émigrer par vagues successives à des époques diverses, vers le sud, sur les rives du Niger et progressivement dans la jonction actuelle de la Guinée, le Sud du Mali et le Nord de la Côte d'Ivoire.[2] Les Mandé réside actuellement en plus de ces trois localités citées, au Sud du Sénégal et en Gambie. Les Mandé fait partir de l'ancien empire Mandingue de l'Afrique de l'Ouest avec pour empereur Soundjata KEITA au XIIIème siècle. A l'origine, ils ont pour activité la chasse de gibier.[3] Jusqu'au XIX siècle le peuple pratiquait la religion Traditionnelle, seul les nobles Mandé étaient musulmanes du fait de la conversion de l'empereur. Les Mandé de la Côte d'Ivoire sont subdivisés en deux branches. Ceux du Sud qui sont à la fois patrilinéaire et matrilinéaire, et ceux du Nord qui sont patrilinéaire. Chez les Mandé, l'homme n'est pas considéré en tant que tel s'il n'est pas passé par le rite de la circoncision.[4]

Les Gour ou voltaïque (des senoufos, des Koulongo ou Daagomba, Lobi et Birifor) sont subdivisés en deux catégories. Les principales branches sont les Sénoufo (ancien) et les Lobi (récent) que l'on retrouve en nombre suffisant au Burkina Faso et au Mali. La migration des Gour s'est déroulée vers la fin du XVème et début du XVIème siècle. En effet, cette période est connue comme le moment de grands remous politique. Les turbulences ont occasionné des déplacements massifs des populations en Afrique de l'Ouest subsaharienne. Ces peuples ont migré depuis la région de la Volta noir (actuel Burkina Faso) et le pays du sel (actuel Mali) pour s'installer au Nord et le Nord-est de la Côte d'Ivoire. Jusqu'au XVIIIème siècle, la plupart des Sénoufos sont animistes. La pratique religieuse traditionnelle est le ¨poro¨ (système initiatique) qui demeure le pivot central de la vie jusqu'à présent. Outre-le ¨poro¨, ¨kaha¨ qui signifie village mais qu'est un espace bâti sacré, demeure la principale unité d'organisation politique. L'organisation sociale s'articule autour des rites, des cérémonies et des cultes dans les bois sacrés. Les Gour sont avant tout des paysans qui savent tirer de leur sol (savane) le maximum de leur subsistance. En plus d'être des chasseurs, ils cultivent le mil, le maïs, le sorgho, l'igname, la pâte douce, etc. L'autorité est régie par la division des classes d'âges au sein desquelles le rôle des anciens et du chef de terre

---

[1] CAMARA Laye, *Le Maître de la parole. Kouma Lafôlo Kouma*, Paris, Plon, 1978, p. 130.

[2] DIETERLEN, Germaine. *«Premier aperçu sur les Cultes des Soninké émigrés au Mande»*, Cahier 1 (Varia) 1975. pp. 5-18. Disponible sur «Premier aperçu sur les cultes des Soninké émigrés au Mande (openedition.org)». [Consulté le 16 janvier 2021].

[3] *Ibidem.* [Consulté le 16 janvier 2021].

[4] RESEAUIVOIRE. *La référence internet de la Côte d'Ivoire. Le groupe Mandé ou Mandingue* [en ligne]. Disponible sur «Rezo-Ivoire.net | Le groupe Mandé ou Mandingue». [Consulté le 16 Janvier 2021].

est prépondérant. Les Gour ont une organisation sociale dominée par la famille matrilinéaire.[1]

Ces quatre (4) groupes ethniques se distinguent entre elles. Au-delà de la réalité migratoire commune, chacune d'elle a une existence spécifique qui s'articule autour de ses pratiques ancestrales. Bien qu'à présent, les religions révélées et le contact avec les colons aient eu un pacte considérable sur certains individus, les cultures quant à elles restent encrées dans la tradition. Dans les villages, les religions traditionnelles sont les socles et les repères des activités sociales. Chaque groupe ethnique s'affirme par sa manière de faire (de s'habiller, de régler les conflits, de se marier, de chanter, de danser, de parler, de se nourrir, etc.) Dans le cadre des mariages interethniques, le caractère intransigeant pèse du côté de la fiancée. Le mariage et les alliances interethniques ou alliance à plaisanterie ont été les facteurs d'unités et de paix entre ces différents grands groupes ethniques. Marc AUGE n'hésite pas à présenter un aspect important du mariage avec les femmes étrangères :

> «Le trésor de famille – pouvait être utilisé à des fins matrimoniales. Le père, prélevant sur ce trésor de quoi procurer à son fils une épouse étrangère de milieu (Dida, Abidji, Abbey) rendait service à ce fils, qui aurait d'autant plus d'autorité sur ses enfants que nulle famille maternelle n'y ferait contre poids. Et fournissait à son propre lignage un certain nombre d'individus (enfants de son fils) qui habiteraient la cour du trône et y travailleraient – à la différence des autres - qui travaillaient normalement pour leur père dans une autre cour que celle de leur lignage.» [2]

A propos de l'ethnie Dida,[3] notons que ce peuple unique en son genre développe une alliance atypique avec une multitude d'ethnies (Abidji, Attié, Abey, Néyo, Godié, Adjoukrou, Kodè, etc.) pendant que les autres établissent des rapports avec un seul voire deux ou trois. Avec les Dida, le proverbe qui détermine : *«les amis de mes amis sont mes amis»* trouve une illustration parfaite. Ce peuple a favorisé le rapprochement de plusieurs peuples. S'il est vrai que certaines structures fortement existantes au sein des peuples constituent des facteurs d'unités inconditionnelles, force est de noter aussi que le peuple Dida constitue un réel pont d'unité inviolable entre les différentes communautés ethniques du Sud et du Centre (Akan).

Dans le Nord, le peuple Sénoufo s'est révèle comme une courroie de transmission de paix aussi pour les grands groupes Mandé et les Gour. On retient qu'avec les Sénoufos au Nord, les Yacouba à l'Ouest et les Koyaka au Nord,

---

[1] KONIN, Aka. *Tradition musicales chez deux peuples Gour du Nord-est de la Côte d'Ivoire*, Tervuren, Publications Digitales, 2009, 47 p. Disponible sur «musique gour.pdf (africamuseum.be)». [Consulté le 17 janvier 2021].

[2] AUGE Marc, *Théorie des pouvoirs et idéologie. Etude de cas en Côte d'Ivoire*, Paris, Hermann, 1975, p. 11-12.

[3] *Les Didas font parti du grand groupe Krou. Ils vivent au centre-sud et au sud-ouest de la Côte d'Ivoire, dans les villes de Divo, Lakota, Sassandra, Hiré-Ouatta, Vavoua, Guitry, Lauzoua, Fresco, Guéyo, Grand-Lahou, Zikisso, Yocoboué, et Gnagbodougnoa*

jouissent une entente légendaire. Les alliances ont toujours existé. Elles sont un système de défense qui permet d'annexer ou d'éviter de se laisser annexer par une puissance étrangère. En toute évidence, il est établi que :

> *«Aucune société ne peut vivre à la fois repliée sur elle-même (principe de l'autarcie) et conquérir d'autres espaces par la guerre (principe d'expansion). Ces deux notions ne peuvent aller sans un réseau de relation sociale. D'où l'existence d'alliances qui dépassent le cadre intérieur du groupe et même le cadre extérieur pour englober des groupes plus importants, de ces principes d'autarcie et d'expansion, il apparaît qu'une volonté de collaboration entre groupe voisins se soit manifestée dans nos sociétés.»*[1]

La réflexion sur ce point exclut l'hypothèse que la pluralité des ethnies est un réel handicap pour la paix. Aussi, l'ignorance de l'autre voire le choc culturel pour les ivoiriens est-elle une aberration qui pourrait faire croire qu'elle constitue le moteur de quelque leadership que ce soit, capable à tout moment de déclencher des conflits. On ne peut non plus trouver des raisons de ressentiments en état latents qui engendreraient des relents de conflits intercommunautaires ou des défaillances de relations. Si les rapports que les différentes ethnies entretiennent entre elles ne sauraient provoquer ni des meurtrissures, ni des actes d'agressivités, n'ont-elles pas par ailleurs des mécanismes de défenses susceptibles d'occasionner la fracture sociale ? Avant toutes autres investigations, analysons au mieux l'organisation sociale des sociétés traditionnelles de la Côte d'Ivoire.

1.3.1.2. *Les organisations sociales*

Tous les groupes ethniques développent des structures sociales à caractères pacifiques. L'organisation structurelle autour des chefferies et des royaumes sont des caractéristiques types pour endiguer tout conflit et maintenir l'harmonie du groupe. Dans ces sociétés axipètes, l'individu est davantage relié à l'unité du corps sociale. Chez les Akan de l'Est, le principe des royautés admet le pouvoir de type monarchique. La succession au trône est héréditaire et elle a lieu seulement après le décès. La société est hiérarchisée de façon verticale (le roi, le chef de tribu ou canton, les chefs de villages, les chefs de familles). Tout fonctionne grâce au mécanisme ancestral de transmission de pouvoir héréditaire. Les différentes entités du peuple demeurent homogènes autour de cette structure. De telle organisation sociale, la convoitise du pouvoir est inexistante et les conflits fratricides maitrisés. Par ailleurs, chez les Akan du Sud, les Krou, les Gour et les Mandé, l'organe suprême demeure la chefferie. A l'exception d'une partie des Akan du Sud (les ethnies Ebrié et Adjoukrou) qui procède par un système démocratique générationnel pour désigner le chef pour une durée de sept (7) ans, l'autre partie et les autres groupes ethniques disposent d'un mécanisme de succession héréditaire.

Dans cette configuration sociale, tant au niveau du pouvoir royal que de la chefferie, des services de sécurités subsistent. Autrefois réputés pour l'annexion

---

[1] RESEAUIVOIRE. La référence internet de la Côte d'Ivoire. Les alliances entre peuple en Côte d'Ivoire [en ligne]. 2004. Disponible sur «Rezo Ivoire .net | les alliances entre peuples en cote divoire». [Consulté le 25-11-2020].

d'autres tribus, aujourd'hui, ils sont réduits à leur plus simple expression de parade lors des cérémonies traditionnelles. Les groupes ethniques et leurs pouvoirs traditionnels ne sont pas perçus comme des sources de conflits. En revanche, ils sont définis comme des facteurs de paix et d'harmonie sociale. L'exemple frappant que nous pouvons retenir parmi tant d'autres ici, c'est le témoignage d'un chef canton sénoufo du groupe ethnique Gour ou voltaïque qui affirme que :

> *«Tout le monde est soumis au poro, même le chef suprême qui se trouve à Sokoro (felguessikaha). Quand, il y a des crises ou des dysfonctionnements, il se réfère au poro. Chaque fois qu'il y a des initiations, il vient pour se recycler. Moi qui suis chef de canton, je n'ai pas de pouvoir dans le poro, j'écoute, je subi ce que les vieux décident là-bas.»* [1]

L'analyse de l'organisation des groupes ethniques ne présente pas de possibilité de conflit entre les ivoiriens. Pourtant le clivage social a atteint un niveau catastrophique qu'il faille nécessairement trouver l'origine afin de mieux reconstituer l'unité entre les Ivoiriens. Si notre investigation sur l'organisation des groupes ethniques a été infructueuse, nous devrons plutôt nous préoccuper de la conception de l'homme que les Ivoiriens se font ? Cette portée veut découvrir si le sentiment de haine de l'autre est une caractéristique de l'Ivoirien et comprendre par la suite jusqu'où ce sentiment peut-il assouvir son désir crapuleux.

1.3.1.3. *L'ivoirien et sa conception de la personne*

Les peuples de la Côte d'Ivoire dans leur ensemble et dans leur interdépendance ont une compréhension fondamentale de ce qu'est l'être humain en lui-même, son altérité et ses relations. Mais leur demander : Qu'est-ce que la personne humaine ou qu'est-ce que l'être humain ? Cette question semble encore plus importante. C'est le préalable d'une démarche vers la culture de la rencontre, de l'intercompréhension, bref, du dialogue et de respect mutuel indispensable pour le vivre ensemble dans un monde en perpétuel mutation que nous voulons entreprendre.

Dans toutes les cultures de la Côte d'Ivoire, la croyance ferme en la communion vitale définit les uns des autres à la pratique de la solidarité entre les individus d'une famille, d'un même clan ou d'un même village. La solidarité a pour objectif de rechercher le bien commun et de lutter contre la puissance du mal. Le bien ou le mal, le bonheur ou le malheur qu'endure un membre de la communauté, implique immédiatement la totalité du corps social. Cette évidence révèle que chacun à son niveau endosse en son être la destinée de la société à laquelle il appartient. Par expérience, on retient cette pratique habituelle, parfois réprouvé par l'homme moderne, qui permet aux personnes adultes de se renseigner et de tracer la parenté de leur interlocuteur. Cette attitude, qui n'est rien d'une conduite outrancière, veut seulement savoir jusqu'à quel degré sa parenté se conjugue à celle

---

[1] GNENEFOLO, Koné. *La chefferie traditionnelle sénoufo-niarafolo sous la série de crises sociopolitique* dans le Nord de la Côte d'Ivoire », Rev. Ivoir anthropol. Social. 2015, n° 30, p. 131. Disponible sur «FICHIR_ARTICLE_736.pdf (revues-ufhb-ci.org)». [Consulté le 19 janvier 2021].

de l'autre. Cette quête de la parenté de l'autre indique jusqu'où les individus sont certains d'être ̈ontiquement ̈ ̈un ̈ ou du moins ̈incorporé ̈ les uns les autres.

Les cultures traditionnelles de la Côte d'Ivoire se réfèrent davantage au lien du sang qu'à l'individualisation de la personne. Dans cette optique, l'autre en tant qu'entité individualisée n'existe pas. Mieux, il est une représentation d'un lien dans lequel il n'est pas seul. Les parentés de sang et les alliances matrimoniales sont des facteurs incontestés qui rassurent et indiquent que les groupes ethniques peuvent avoir des parentés communes. Cet encadrement de parenté montre que la société ivoirienne interagit et demeure interdépendante. Dans cette perspective, l'ordre social fondamentalement dérive de l'ordre vital. On ne peut plus parler en termes d'individualité. En effet, la vie dérive de la société. Chaque membre la reçoit de la société et a intérêt de la préserver. Cette conception de la vie, de la parenté et des alliances matrimoniales a longtemps structuré les groupes ethniques et endigué les conflits. Cette analyse trouve tout son sens dans l'explication de la fonction du lien de solidarité par Vincent MULAGO, l'un des précurseurs de la philosophie Bantu, quand il dit :

«Tout ce qu'on appelle ''tabous'', toutes les prohibitions et interdictions ont leur expression dans ce lien de solidarité, unissant entre eux les membres d'une communauté, dans le souci du maintien de ce lien, dans la croyance à l'accroissement ou décroissement vital et à l'interaction et interdépendance des êtres et des forces vitales.»[1]

Outre cette culture de paix qui s'est développé durant des décennies faisant de la Côte d'Ivoire un havre de paix, son leader le père de la nation, n'a ménagé aucun effort pour faire de la paix son cheval de bataille. C'est de lui que nous épousons l'idéologie selon laquelle : *«la paix n'est pas un vain mot c'est un comportement.»* La portée de la pensée du père fondateur vise expressément à travailler sur l'éducation des enfants à adopter la paix comme un comportement et une attitude en toutes circonstances même en situation de violence.

Au regard de cette analyse, la crise sociale que vivent les ivoiriens a son origine en dehors de leurs us et coutumes. L'actuelle culture de la violence et le culte des morts horribles sont d'une origine étrangère. Comment résoudre le problème de la fracture sociale, si nous ignorons son origine ? Notre désire d'explorer d'autres pistes, nous pousse vers les rapports que les Ivoiriens entretiennent avec les immigrés

1.3.1.4. *La coexistence entre ivoiriens et immigrés*

La Côte d'Ivoire, connue de tous, figure parmi les nations les plus remarquables du monde. Son idéologie capitaliste n'a pas été un handicap pour sa population, tout comme pour les travailleurs dans les différents secteurs publics et privés. Les investissements nationaux et étrangers jouissaient d'une condition favorable de stabilité politique. Cette action de nature collaborative notamment

---

[1] MULAGO Gwa Cikala Vincent, *La religion traditionnelle des Bantu et leur vision du monde*, Kinshasa, Faculté de théologie catholique de Kinshasa, 2ème éd. 1980, p.55.

entre employeurs et employés a favorisé le développement de ce pays. Bruno LOSCH, dans le débat ivoirien de réhabilitation n'a pas manqué d'écrire :

> *«La Côte d'Ivoire a longtemps été, en effet, un pays de référence. Pays de référence pour ses succès apparents des décennies 60 et 70 mais aussi, et peut-être surtout, pays de référence d'un débat idéologiquement et historiquement marqué, celui du développement, à une époque où le concept faisait sens et où des alternatives étaient envisagées et envisageables. Dans les représentations de l'époque, la Côte d'Ivoire, avec à sa tête un des leaders des indépendances africaines, avait choisi la voie libérale et capitaliste, tandis que d'autres optaient pour la voie socialiste et nationale.»* [1]

La Côte d'Ivoire, pays de référence, au-delà de la perception et l'analyse de Bruno LOSCH se voulait aussi un choix de cohésion sociale tangible. L'intégration sociale sur le sol ivoirien avait atteint des proportions inimaginables. Tout comme les ivoiriens, les non-nationaux bénéficiaient du privilège de résidence permanente dans les localités de leur choix. On peut estimer selon un rapport d'Ousmane DEMBELE un nombre important d'étrangers sur le sol Ivoirien :

> *«La Côte d'Ivoire avait produit un véritable melting-pot en accueillant environ 26% d'étrangers des pays limitrophes. Sur son territoire, les migrations intérieures ont également été importantes et de nombreux Ivoiriens ont pu s'installer dans des campagnes et des villes dont ils n'étaient pas originaires. Les Baoulé et les nordistes constituent l'exemple type de ces installations dans les zones forestières et les villes du Sud, sur le territoire d'autres ethnies, akan et krou notamment. Dans les villes du Sud, la population est composée à plus de 50%, et souvent même au-delà de 60% d'étrangers ouest-africains et d'allogènes originaires du Nord Ivoirien et du centre. Dans certaines régions rurales, comme chez les Krou de Soubré, 80% des paysans sont des Burkinabè qui produisent du cacao ivoirien.»* [2]

Cependant, ces dernières décennies, la coexistence ivoirienne et immigrés laisse percevoir que la coloration de leur rapport s'est considérablement dégradée.

Depuis les milieux urbains jusque dans les milieux ruraux, le recul du sentiment d'hospitalité gagne de l'espace. Dans les arènes politico-médiatiques, la situation est qualifiée de drame social. Pourtant, depuis, le temps des indépendances en Afrique Sud sahélienne, les immigrés n'ont cessés de faire de la Côte d'Ivoire une terre d'eldorado. La question de l'immigration n'a retenu autant d'attention qu'elle est maintenant. Si la question est devenue une polémique très accentuée, il n'est nul doute que l'immigration a fait l'objet d'une instrumentalisation accrue particulièrement dans le domaine de la politique au début du multipartisme. Cependant, cette préoccupation qui enflamme les débats publics n'a pas fait l'objet

---

[1]LOSCH Bruno, *Réhabiliter le «Débat Ivoirien» (Politique Africaine, Côte d'Ivoire, la tentation ethnonationaliste, n°78)*, Paris, Karthala, 2000, p. 14.
[2]DEMBELE Ousmane, *Côte d'Ivoire : La fraction communautaire* (Politique Africaine, La Côte d'Ivoire en guerre. Dynamique du dedans, dynamique du dehors n°89), Paris, Karthala, 2003, p.35.

d'une volonté politique de réaménagement de la population. Le politique ivoirien a longtemps observé une gouvernance trop libérale au plan de l'immigration. La négligence de l'état a favorisé non seulement des vagues d'immigrations incontrôlables donnant accès aux emplois tant au niveau privé que publics. Mais plus grave, le nombre très croissant des demandeurs d'emploi a entravé le marché du travail, et créé une concurrence déloyale en défaveur des ivoiriens. On peut imaginer l'effet dévastateur que cela peut engendrer dans un futur proche.

Par ailleurs, les élections ivoiriennes ont développé pendant longtemps des polémiques importantes. La participation des étrangers dans le jeu électoral constitue un nœud du problème. En effet, dans la constitution de 1960, l'article 5 détermine que la participation aux élections est l'apanage des ivoiriens et Ivoiriennes : *«Sont électeurs dans les conditions déterminées par la loi, tous les nationaux ivoiriens majeurs des deux sexes, jouissant de leurs droits civils et politiques.»*[1] En négligence de cet article, en 1980, soit deux (2) décennies plus tard, le code électoral en son article 57 prévoit pour l'élection des parlementaires, la participation des ressortissants des pays étrangers : *«pourront prendre part au voté, les non ivoiriens d'origine africaine inscrits sur les listes électorales.»* Il est vrai qu'en 1980 et 1985, faut d'enjeux véritables et de divergence idéologique, la pluralité des candidats ne correspondant pas à un pluralisme des options politique, la campagne électorale se trouve réduit à l'affaire d'un seul parti (PDCI). Cependant, en 1990, avec l'avènement du multipartisme, la loi fondamentale fonde l'enjeu électoral. La participation des étrangers aux différentes élections est au centre des débats politiques et envenime l'atmosphère. La majorité des Ivoiriens s'opposent à la prise de position des étrangers dans leur débat politique. La forfaiture sur la constitution ivoirienne est inadmissible. Depuis lors, l'enrôlement des étrangers sur le listing électoral constitue une violation flagrante de la constitution. Pendant ce temps, l'ivoirien ne peuvent se passer de s'insurger que son pays n'est pas une sorte de "no man's land." [2]

Eu égard à son désir d'être hospitalière, la Côte d'Ivoire mérite d'ajuster sa démocratie pour ne pas instaurer la confusion entre nationaux et étrangers. Ceci pour éviter de provoquer des crises sous le vocable de la xénophobie. L'exemple typique qui restera marqué à toute la sous-région, ce sont les évènements qui ont suivi la tentative du coup d'État avorté des 7 et 8 janvier 2001 raconté par Sylvie BREDELOU :

> *«Au lendemain de la tentative de coup d'État avorté des 7 et 8 janvier 2001, avant même de diligenter une enquête, le gouvernement a annoncé qu'un certain nombre d'étrangers dont des Guinéens, des Burkinabè, des Maliens et des Nigériens figuraient parmi les agresseurs. Le gouvernement a menacé de rompre les relations diplomatiques avec les pays dont les ressortissants étaient impliqués. Dans un discours télévisé, le chef d'État a proféré des menaces de représailles contre*

---

[1] Digithèque MJP, Côte d'Ivoire. Constitution du 3 novembre 1960 [en ligne]. 2002. Disponible sur «https://mjp.univ-perp.fr/constit/ci1960.htm». [Consulté le 29-11-2020].

[2] *No man's land.* Ici, cette expression anglaise voudrait signifier simplement une terre sans homme, une zone qui n'appartient pas à une seule nation. On pourrait parler de zone commune.

certains pays étrangers («quiconque nous respecte en Afrique et ailleurs sera respecté, quiconque veut nous bafouer, sera bafoué par nous, il faut que cela soit clair et net»). Dans ce climat belliqueux, des jeunes gens, étudiants ou encore faisant partie de groupuscules patriotes, nationalistes tels les « Sorbonnards », organisèrent les jours suivants des manifestations hostiles aux étrangers. Cette chasse à l'étranger africain de l'Ouest et musulman se propagea dans toutes les communes d'Abidjan ainsi que dans les villes de l'intérieur. Sur de nombreux marchés, des boutiques tenues par des étrangers furent saccagées aux cris de «Étrangers rentrez chez vous, Ivoiriens le commerce pour nous maintenant». Étudiants nigériens, commerçants nigérians, mauritaniens, guinéens, sénégalais, citoyens burkinabè persécutés, brutalisés se réfugièrent dans leurs ambassades respectives. En dépit de l'appel timide au calme lancé par le gouvernement (cesser de «vous attaquer aux innocents») sous la pression des ambassadeurs de la CEDEAO inquiets du sort réservé à leurs ressortissants, les exactions continuèrent conduisant de nombreux ressortissants étrangers dans les jours suivants à regagner leur pays d'origine et obligeant le président du Mali et président en exercice de la CEDEAO (Alpha Oumar Konaré) à abandonner le langage diplomatique. «Nous ne sommes pas certes pas Ivoiriens ; mais nous ne sommes pas des étrangers en Côte d'Ivoire. Nous n'avons jamais connu une Côte d'Ivoire d'hostilité vis-à-vis des étrangers. Et cette image nous la refusons. Cette Côte d'Ivoire n'est pas celle que nous connaissons, ni celle à laquelle nous avons été habitués. Et pour nous ce n'est pas la Côte d'Ivoire» (30/12/2001). Plus maladroitement le président sénégalais, Abdoulaye Wade, à Dakar, lors d'une conférence internationale sur le racisme et la discrimination raciale prit en exemple la Côte d'Ivoire pour sa démonstration : « au moment où je vous parle, un Burkinabè subit en Côte d'Ivoire ce qu'aucun noir ne subit en Europe» (22/01/2001). Cette déclaration fut suivie de représailles contre les commerçants sénégalais et par extension contre les populations allogènes notamment à Divo et Lakota.» [1]

Malheureusement, jusqu'à présent, la bataille autour de la condition de l'immigré demeure une préoccupation majeure sans réponse satisfaisante. Tous les partis une fois dans l'opposition accusent le pouvoir en place d'utiliser les étrangers pour se maintenir au pouvoir. Après les échéances électorales, les cartes d'identité obtenues deviennent soit caduques soit douteuses. Dans cette atmosphère particulièrement dégradée, l'étranger est porté par le désir de protestation et de valorisation de sa personne. L'immigré en Côte d'Ivoire ne veut plus se sentir étranger. La conception selon laquelle le monde est un village planétaire n'exclue pas l'idée selon laquelle la mobilité fait partie des libertés fondamentales.

---

[1]BREDELOU, Sylvie. Open Edition Journal, «La Côte d'Ivoire ou l'étrange destin de l'étranger», Revue Européenne des migrations internationales, 2003, Vol 19- n° 2, p. 85-113, Disponible sur «La Côte d'Ivoire ou l'étrange destin de l'étranger (openedition.org)». [Consulté le 29-11-2020].

L'immigré déterminé se donne désormais toutes sortes de moyens pour s'affirmer, refusant le titre d'étranger et pour combattre le sentiment d'exclusion.

Tout en étant sensible à ces questions dramatiques, il ne faut pas tomber dans la tentation de la xénophobie ou du mondialisme exagéré. Cela en fonction de la Déclaration universelle des droits de l'homme : *«Toute personne a le droit de circuler librement et de choisir sa résidence à l'intérieur d'un Etat.»*[1] Un pays ne doit pas être considéré comme une prison empêchant sa population à partir sans contrainte vers d'autres cieux dans l'espoir de vivre le plein épanouissement qui leur convient. En revanche, briser les frontières et penser qu'une société évoluée est celle qui est ouverte à tous, c'est contribuer à déshumaniser l'espèce humaine. La politique d'immigration incontrôlée a considérablement déstabilisé la Côte d'Ivoire et met sa population dans l'impasse. Une indication qui pourrait toutefois troubler plus d'une personne est ce rapport d'Allafrica Gobal Media : *«La Côte d'Ivoire a le plus haut taux de migration dans le monde. Vous avez 6 millions de migrants, 25% de la population.»*[2] Aussi, un autre rapport, qui met en parallèle le taux de pauvreté en Côte d'Ivoire et le taux d'immigration des ivoiriens dans le seul pays qu'est la France, appelle à réfléchir sur les méfaits de l'émigration forcée :

> *«Toutefois, l'institution a rappelé que "le niveau actuel du revenu par habitant reste inférieur à celui du début des années 1980". Le taux de pauvreté avoisine 45%, contre moins de 10% à l'aube des années 1980. Malgré l'embellie économique, sur les 124.000 personnes demandeurs d'asile en France, 68% étaient des Ivoiriens, selon les chiffres de l'Office français de protection des réfugiés et des apatrides (Ofpra) en 2017. La Côte d'Ivoire se positionne également au 4e rang des pays de provenance des migrants qui tentent de gagner l'Europe, selon l'Organisation internationale pour les migrations (OIM).»*[3]

Le flux migratoire est toujours perçu comme quelque chose de néfaste qui détruit la paix sociale, le travail, la santé, l'éducation, dans les pays d'accueil. Un pays doit pouvoir garantir sa souveraineté nationale, avec un système démocratique stable. C'est le seul moyen d'avoir une politique à l'échelle humaine vers les individus. Malheureusement aujourd'hui, pour des raisons qu'on ignore certainement encore, il y a comme un combat entre les souverainistes et les mondialistes avec une ligne de front. Les uns cherchant à maintenir une collaboration d'Etats libres et souverains et d'autres cherchant à effacer toutes les frontières pour créer une énorme fourmilière globale avec une sorte de technocrate devant pour gouverner le reste dans la précarité.

---

[1] *La Déclaration universelle des droits de l'homme. Article 13 §. 1.* [en ligne]. Disponible sur «https://www.ohchr.org/en/udhr/documents/udhr_translations/frn.pdf». [Consulté le 20 Janvier 2021].

[2] *Cote d'Ivoire. Performances économiques, taux de migration, libres échanges, futur mandat -* Ouattara se livre à Mo Ibrahim 9 avril 2019. Disponible sur «Cote d'Ivoire: Performances économiques, taux de migration, libres échanges, futur mandat - Ouattara se livre à Mo Ibrahim - allAfrica.com». [Consulté le 01 Décembre 2021].

[3] *Afrique. L'immigration clandestine et croissance économique, le paradoxe Ivoirien* [en ligne]. 17 juillet 2018. Disponible sur «Immigration clandestine et croissance économique, le paradoxe ivoirien (voaafrique.com)». [Consulté le 01-12-2020].

La situation actuelle de l'immigration est donc généralisée et devient davantage inquiétante. Mais bref, pour l'instant, c'est le contexte ivoirien qu'il convient de s'interroger. Pour que les Ivoiriens parviennent à s'enliser dans une spirale de violence grandissante au point d'ignorer leur sens élevé de l'homme et de la vie de l'autre, il y a bien une question primordiale qu'il convient de se poser. La religion a-t-elle vraiment eu une influence dans la vie de l'Ivoirien ? A partir de cette interrogation, nous voudrions entreprendre un parcours d'observation de l'impact de la religion sur la vie des ivoiriens.

1.3.2. Regard de l'influence religieuse en Côte d'Ivoire

Les religions en Côte d'Ivoire ont une part prépondérante dans la formation intellectuelle et sociale, de l'ensemble des ivoiriens. Dans le cadre de cette étude, quatre familles religieuses retiendront notre attention : la religion Catholique, la religion Protestante, la religion Musulmane et les religions Traditionnelles.

1.3.2.1. La mission Catholique[1]

Le XIXème siècle (1895) marque le point de départ du christianisme en terre Ivoirienne avec la Société des Missions Africaines (SMA). Si au début de la mission de l'Eglise Catholique, la pénibilité des voies d'accès des villages, l'ignorance de langue française, l'étrangéité de la pratique liturgique, et bien d'autres ont rendu compliqué l'évangélisation, le XXème siècle (1911) en revanche a été pour elle une période faste. Le vicariat apostolique d'Abidjan (Sud) et la préfecture apostolique de Korhogo (Nord) ont joué un rôle favorable. A la suite, grâce à la conversion massive des populations, la nécessité s'est faite sentir d'ériger les villes de Sassandra 1930 et celle de Bouaké 1951 en préfectures apostoliques.

Déjà, la fin du XIXème siècle et début du XXème siècle, la séparation des pouvoirs entre l'Eglise et l'état va occasionner le retrait des missionnaires aux activités des écoles publiques. Contrairement à ce qui pourrait être un handicap majeur, cette situation a plutôt permis aux missionnaires de renforcer leur collaboration avec les chefs locaux pour installer des structures d'enseignements catéchétiques. La mission devient plus intense particulièrement dans le Nord du pays pour concurrencer l'expansion de l'Islam.

A la faveur de l'autorisation du gouvernement français d'ouvrir des écoles privées, à la suite des accords de 1922, les missionnaires SMA mettent un point d'honneur dans la création des écoles et la formation du personnel laïc. C'est l'ère de la naissance des cadres Catholiques. Dans de nombreuses localités, les écoles se multiplient. Les jeunes filles comme garçons sont forcés à aller à l'école. Certains parents récalcitrants sont sommés de subir la rigueur de la loi. La discipline et la morale dont les écoliers font montre motivent davantage d'autres parents à sortir des campements et des villages les plus reculés à se rendre dans les localités où se trouvent les écoles. Les religieuses dans les dispensaires et les maternités participent à la propagande des bienfaits de l'école. Dans cet engouement, les missionnaires

---

[1]*Nouvelle évangélisation en Côte d'Ivoire "avec Marie sur les chemins de la vie"*. Présence de l'Eglise Catholique en Côte d'Ivoire [en ligne]. Disponible sur «<u>Présence de l'Église en Côte d'Ivoire (free.fr)</u>». [Consulté le 22 janvier 2021].

créent le petit séminaire de Bingerville en 1936, et le grand séminaire d'Anyama en 1956.

Outre l'instruction scolaire et académique qui procure l'éducation civique, morale, et religieuse adéquate, dans les communautés paroissiales, des mouvements à caractère religieux ont vu le jour. Ces mouvements appelés aussi mouvement d'action Catholique ont contribué à étendre en bras séculier l'annonce de la Bonne Nouvelle dans les milieux jeunes et dans les endroits où les pasteurs ne pouvaient s'y rendre. A ce titre, le Pape Paul VI présente une belle explication de l'action catholique lorsqu'il dit : *«L'action Catholique ne serait pas l'expression de la vocation laïcale, mais plutôt une fonction spéciale qui supplée en quelque sorte à l'action hiérarchique – l'action catholique a contribué à la maturation du laïcat catholique, à la conscience qu'il a de sa responsabilité dans la société et dans l'Eglise.»*[1] La JOC (Jeunesse Ouvrière Catholique), la JAC (Jeunesse Agricole Catholique), la Légion de Marie, leaders des mouvements d'action Catholique ont donnés de très bonnes impressions de savoir-vivre en société, l'esprit de collaboration et d'entraide, le soutien aux pauvres de toute obédience religieuse, le respect de la vie et la fuite des vices régnants dans la société. Sur les bases solides de ces grands mouvements d'action Catholique, apparaitront les plus jeunes tels que: les scouts, la JEC (Jeunesse Étudiante Catholique), et les plus petits tels que : les CVAV (Cœur Vaillant Âme Vaillante). Elle ne sait pas seulement intéressée de l'évangélisation des jeunes chrétiens mais aussi de celle des jeunes adultes non-croyants. L'Eglise, comme on pourrait imaginer, passe inévitablement par l'action des jeunes chrétiens engagés aussi bien dans la société. L'Eglise a toujours vu en la jeunesse, sa propre figure. Par les mouvements d'action Catholique, c'est l'Eglise elle-même qui se rajeunit avec l'humanité tout entière. En effet, c'est dans la jeunesse que l'Eglise et l'humanité se rajeunissent en permanence. Elles se découvrent comme signe d'une espérance promise aux hommes du temps présent. On peut simplement affirmer sans ambages que l'Eglise c'est la jeunesse toujours en action pour le salut du monde.

Dans cette vision, l'Eglise en Côte d'Ivoire n'a pas attendu à mettre des structures en place pour orienter la jeunesse sur la voie de la vie. Cependant, cette conduite meurtrière de la jeunesse ivoirienne qui résout des incompréhensions par la violence est nouvelle. L'Eglise Catholique de Côte d'Ivoire se doit de s'intéresser davantage à la situation de cette jeunesse. Comment dans ces conditions, l'Eglise doit s'y prendre ? Tel est l'intérêt de cette étude. Nonobstant les dérives de ces dernières décennies, ce parcours montre que l'Eglise Catholique a eu une parfaite influence sur la population ivoirienne dans son ensemble. Dans l'optique de rechercher la nature d'influence que les religions ont eu sur la population ivoirienne, nous voudrions maintenant analyser celle établit avec les Protestants Méthodistes.

1.3.2.2. La mission Protestante

La mission Protestante Méthodiste en Côte d'Ivoire vise la diffusion de la Bonne Nouvelle du Christ et le salut des âmes. Leur implantation en Côte d'Ivoire

---

[1] GOLDIE Rosemary, *Paul VI et l'action Catholique, dans Paul VI et la modernité* (Collection de l'école Française de Rome, n°72), Paris, Ecole Française de Rome, 1984, p. 304.

s'effectuera seulement qu'au XIXème siècle. Des Ghanéens d'ethnies Nzima et Fantis ayant pour activité principale la pêche, vont importer sur le littoral ivoirien, frontière avec le Ghana actuel, l'Eglise Protestante méthodiste. A partir de 1872, la région d'Aboisso sera le premier centre avec l'affluence des populations anglophones du Ghana, du Libéria, et de la Sierra Léone. Plus tard et progressivement l'éveil spirituel de la population permettra les grandes villes de la Côte d'Ivoire telles que Grand-Lahou, Assinie, Grand-Bassam, Bingerville, Dabou, et Abidjan à accueillir le protestantisme. Le premier pasteur de race Européen sera William John PLATT transité depuis le Bénin. L'appel à la vocation pastorale et la consécration progressive de plusieurs individus suscitera davantage la création de nombreuses structures telles que l'école des filles de Dabou, Ecole Primaire Protestante du Plateau, des dispensaires, la maternité de Bécédi, l'Hôpital Protestante de Dabou, Collège Secondaire Protestante de Dabou. Le souhait de cette communauté religieuse est depuis toujours de témoigner auprès des populations l'importance d'une vie de communion parfaite avec tous sans distinction de race ni d'ethnie. Christ est le frère de tous et ils se doivent de vivre en enfants de Dieu. L'amour du prochain et la recherche du bien de la population caractérisent la mission principale du protestantisme dans cette contrée du monde en quête de repère. De cette initiative inspirée du message évangélique, l'Eglise Protestante Méthodiste multiplie d'autres activités comme des coopératives agricoles et assurer de meilleure formation des laïcs et des pasteurs, Centre familial de formation, Centre Croix bleue pour la lutte contre l'alcoolisme, ainsi que de nombreux projets générateurs de revenus. Pour porter davantage la voix du messager de Dieu dans les limites de l'impossible pastorale pratique, des chaines de radio et de télévision ont vu le jour.

Au demeurant, nous pouvons dire avec assurance que le peuple ivoirien a toujours trouvé dans la communauté Protestante Méthodiste une force protectrice et d'amour du créateur. L'homme au centre de cette mission demeure épanoui pour la gloire de Dieu. Au regard de ce qui précède, et à l'instar de la communauté Catholique, l'esprit belliqueux de la population ivoirienne ne pourrait avoir de ramification avec le christianisme. En revanche, il peut intensifier leurs actions de salut des âmes pour le bonheur de tous. Toutefois après l'analyse du rapport de cette dernière communauté, il convient que nous observons l'influence de la religion Musulmane sur la population ivoirienne.

1.3.2.3. L'influence de l'Islam

La Côte d'Ivoire au-delà de toute attente n'est pas considérée comme une chasse gardée du christianisme. Si la culture occidentalo-chrétienne a été très significative sur le territoire ivoirien, il n'en demeure pas moins que l'Islam a fait son apparition bien avant elle. En effet, depuis le XIIIème siècle, au temps du grand empire mandingue dans l'Afrique de l'ouest, aujourd'hui délimité par les frontières héritées de la colonisation (Guinée, Malin, Gambie, Burkina-Faso, Côte d'Ivoire, Sénégal), l'Islam n'a eu cesse de progresser lentement par l'activité commerciale mais surtout par les Djihads jusqu'au Nord de la Côte d'Ivoire[1]. A la différence des

---

[1]BORREMANS Raymond, *Le grand dictionnaire encyclopédique de la Côte d'Ivoire*, Tome 4 : I-J-K-L-M, Abidjan, NEA, 1988, p. 37.

chrétiens de toutes obédiences qui affichent un taux de 39,1%, selon les statistiques du Recensement Général de la Population (RGPH) en 2014, les Musulmans de toutes obédiences fournissent un taux de 33,7%.[1] La présentation de la tendance Musulmane paraît anodine. Cependant, si nous nous référons aux périodes antérieures, notamment, de l'époque de la colonisation et post-colonisation (la Côte d'Ivoire indépendante), l'on se rend vite à l'évidence de la percée spectaculaire de l'Islam. Il n'est certainement pas juste d'ignorer qu'à une époque antérieure, l'administration coloniale s'est constituée en véritable écran à l'expansion de l'Islam dans le Nord du pays et un soutien indéfectible pour les missionnaires Catholiques. Durant l'époque des colons jusqu'à l'indépendance, l'Islam présentait un effectif de 14% à 20% en 1960. Manifestement, depuis 1990, la branche radicale dénommée la da'wa[2] ne cesse d'accroitre de manière spectaculaire le nombre. Selon Marie MIRAN, aujourd'hui, il est fort probable que les musulmans atteignent près de 43%.[3] Toutefois, les musulmans en Côte d'Ivoire ont toujours su s'accommoder avec l'esprit laïc qui caractérise la nation Ivoirienne.

Sur le plan de l'éducation des enfants, l'Etat ivoirien et les confessions religieuses ont depuis toujours mené une franche collaboration. L'éducation spécifique procurée par les écoles coraniques, prend en compte la totalité de la personne dans ses différents aspects physique, moral et spirituel. Elle permet, en outre, de s'approprier les bases solides de la communauté pour chaque enfant une fois adulte, à son tour puisse la transmettre à ses enfants. Le respect de la personne humaine est d'une importance qu'on ne devrait jamais transgresser. La vieillesse est considérée comme une valeur suprême qui mérite assez d'égards. Malgré cette particularité de l'école coranique, les enfants musulmans sont nombreux à se rendre dans les écoles chrétiennes qui dispensent en plus du programme éducatif national, une éducation complémentaire à caractère chrétien. L'enseignement dans les écoles confessionnelles Catholique et Protestante, prend en compte la formation catéchétique basée sur la morale et les données de la foi chrétienne. Les musulmans ne se sentent pas réfractaires des pratiques chrétiennes. Depuis l'indépendance jusqu'à présent, la population ivoirienne en particulier les jeunes de toutes les confessions religieuses, ont reçu presque les mêmes éducations scolaires et académiques.

Au plan social, les différents imams regroupés autour d'un conseil, qualifié de conseil supérieur des imams des mosquées (COSIM), témoigne indéfectiblement leur solidarité à tous les responsables des Eglises Evangéliques, Protestantes et la conférence des évêques Catholiques de Côte d'Ivoire pour former ensemble le conseil des guides religieux. Depuis les tristes évènements de 2002, cette solidarité multiplie des rencontres et des actions de médiation à l'endroit des leaders politiques pour faciliter la cohésion sociale. Leur initiative a permis de retenir les

---

[1]Statistiques selon les résultats du Recensement Général de la Population et de l'Habitat (RGPH), Population par religion en 2014 [en ligne]. 2014. Disponible sur «RGPH2014 expo dg.pdf (ins.ci)». [Consulté le 03-12-2020].

[2]La da'wa se traduit littéralement par « appel » en langue Arabe. Pour la théologie islamique elle se laisse appréhender par l'expression « invitation à l'Islam ». La da'wa participe à l'idéologie propagandiste et au prosélytisme islamique. (cf. Marie MIRAN)

[3]MIRAN Marie, *Islam, histoire et modernité en Côte d'Ivoire*, Paris, Karthala, 2006, p. 139.

jeunes de céder aux provocations d'ordre politique. Depuis le coup d'état mis en échec en 2002, des occasions de manipulations politiques ne cessent de procéder soit par des incendies des mosquées et des Eglises dans l'optique d'accusations mutuelles et de vengeance soit par des menaces envers les guides religieux. Cette synergie des guides religieux ivoiriens a positivement mis en déroute toute tentative de guerre interreligieuse.

Après tout, l'influence de l'Islam en Côte d'Ivoire depuis l'indépendance s'est développée d'une manière pacifique. Les nombreux ressortissants musulmans des pays limitrophes caractérisés par l'activité commerciale ont permis à la Côte d'Ivoire de connaitre ces dernières décennies un taux très élevé. L'éducation humaine et spirituelle que cette religion dispense aussi bien aux adultes qu'aux jeunes n'est pas en porte-à-faux avec l'idéal commun prôné par l'Etat de Côte d'Ivoire et les autres religions.

1.3.2.4. *L'influence des Religions Traditionnelles*

En Côte d'Ivoire, les religions traditionnelles tiennent une place remarquable. Elles représentent un taux de 3,6% de la population, selon le Recensement Générale de la Population et de l'Habitat (RGPH).[1] Malgré ce pourcentage inferieur au Christianisme (39,1%) et l'Islam (33,7%), elles ont une influence sur toutes les religions importées (abrahamiques et autres) :

> *«Chez les chrétiens de la moitié méridionale comme chez les musulmans du Nord, la croix et le croissant n'ont jamais chassé les grigris ; les chants de messe et les prêches n'empêchent pas le sang des sacrifices de couler. Tranquillement, les Ivoiriens passent du prêtre ou de l'imam au féticheur.»[2]*

En effet, le culte des ancêtres, constitue la clé de voûte de la vie culturelle et traditionnelle. Il n'est pas seulement considéré comme le culte des morts qui consiste à les honorer. Mais, il suppose qu'ils exercent une emprise sur les vivants comme évoque Michel BONHOMME dans les morts ne sont pas mort.[3] L'aspect le plus englobant, dans la religion traditionnelle qui caractérise les cultures traditionnelles ivoiriennes aussi bien africaines, c'est leur vision cosmogonique. Les différents groupes ethniques conçoivent la vie en trois grandes parties : Le ciel (en haut) appartenant à Dieu et où vivent les êtres pures ou déités mineures, la terre (au milieu) la demeure des ¨vivants¨ «hommes» et le monde souterrain (en bas) ou la demeure des ancêtres et des esprits. Ces trois entités sont interconnectées.[4] A travers des cérémonies traditionnelles et les rites ancestraux les relations s'intensifient.

Toutes les activités qui ont lieu dans le cadre coutumier ne peuvent se défaire des pratiques ancestrales (dot, puberté, nourrisse, les libations, bénédictions,

---

[1] Recensement Général de la Population et de l'Habitat 2014, Rapport d'exécution et présentation des principaux résultats [en ligne]. 2014. Disponible sur «RGPH2014 expo dg.pdf (ins.ci)». [Consulté le 22 janvier 2021].

[2] RUEFF Judith, La Côte d'Ivoire : Le feu au pré carré, *Op. Cit.*, p. 48.

[3] BONHOMME Julien (sous la dir), *Postface. Les morts ne sont pas morts,* dans Michel CROS et Julien BONHOMME (éds) Déjouer la mort en Afrique, L'Harmattan, Paris, 2008, p. 161.

[4] ERNY pierre, *L'idée de " réincarnation" en Afrique Noire*, Paris, L'Harmattan, 2007, p. 23-24.

l'exploitation forestière, construction de maison, funérailles, etc.) Des récits de création du monde racontent parfois ce qui est commun et ce qui est spécifique à chaque ethnie. Les mythes fondateurs entremêlent l'histoire et la religion.[1] Ils racontent les évènements successifs des hommes, du village et les stratégies concordantes pour parvenir à établir l'ordre social (Pourquoi cet interdit ? Pourquoi la différence entre les groupes ? Pourquoi les clans et les castres ? Etc.) Ces différents aspects, parfois intriguant, fondent la vie authentique qu'on peut souvent vérifier par des comportements récalcitrants ou par recoupement. En Côte d'Ivoire, les pratiques et les interdits de ces religions traditionnelles imprègnent la vie et le comportement de la population. Le peuple sait que la sécheresse, l'inondation, les épidémies, les accidents, et bien d'autres catastrophes naturelles parfois relèvent de la transgression de ces interdits et par conséquent ce qu'il faut faire pour résorber ces fléaux. Préserver l'ordre social, s'entraider, respecter toute personne en particulier les plus âgées, le respect de la nature, protéger la vie d'autrui, honorer ses parents, consistent évidemment à éviter de heurter les esprits des ancêtres.[2] Pour ce qui est de l'ordre de la vie de la nature, *«les entités invisibles investissent "le monde sauvage," de la brousse et de forêt - ; elles sont familières des sources, des rivières, des cavernes, des forêts, des lacs, des savanes et des lieux déserts.»*[3] Depuis l'indépendance, nulle part, il est question qu'une guerre déchire la cohésion sociale entre deux groupes ethniques. Ce parcours montre que les religions traditionnelles sont des piliers de stabilités et d'équilibres sociaux et rien d'autre.

1.4. Conclusion du premier Chapitre

En définitive, on pose cette question : pourquoi tant d'intérêt à l'analyse de la situation sociopolitique de la Côte d'Ivoire ? Cette interrogation laisse entrevoir le lien entre l'ampleur de la fracture sociale d'une Côte d'Ivoire autrefois havre de paix et l'engagement du chrétien à la réconciliation. La réponse pourrait être, pour correspondre à la mission d'évangélisation qui est d'œuvrer pour l'unité de tous mais surtout pour le salut de l'homme. Le salut de l'homme ne touche pas que la sphère spirituelle. Considérant la totalité de l'être humain corps et âme, c'est aussi bien le spirituel que le matériel qui préoccupe l'Eglise, car c'est seulement de cette manière que la promotion authentique de l'homme peut se réaliser. Consciente de la valeur infinie de l'homme à cause de son lien intrinsèque avec l'auteur de la vie, si elle se préoccupe à la question sociale, ce n'est pas ni pour retrouver des privilèges d'une époque révolue, ni pour imposer son point de vue, mais :

> *«Son but unique est d'exercer sa sollicitude et ses responsabilités*
> *à l'égard de ce qui lui a été confié par le Christ lui-même, cet homme qui*
> *... est la seule créature sur terre que Dieu ait voulue pour elle-même et*
> *pour laquelle Dieu a son projet, à savoir la participation au salut*

---

[1] THOMAS, Louis-Vincent. *Réflexion à propos des mythes d'Afrique noire*, Publications de l'Institut d'études et de recherches interethniques et interculturelles, 1976, n° 7, p. 314. Disponible sur «<u>Réflexions à propos des mythes d'Afrique noire - Persée (persee.fr)</u>». [Consulté le 23 janvier 2021].

[2] SANOGO, Zanga Youssouf. COULIBALY, Nabé-Vincent. *Croyances animistes et développement en Afrique subsaharienne*, Erudit, 2003, vol. 13, n° 2, p. 142. Disponible sur «<u>Croyances animistes et développement en Afrique s... – Horizons philosophiques – Érudit (erudit.org)</u>». [Consulté le 26 janvier 2021].

[3] ERNY Pierre, L'idée de " réincarnation" en Afrique Noire, *Op. Cit.*, p. 26.

éternel...Il s'ensuit que l'Eglise ne peut abandonner l'homme et que cet homme est la première route que l'Eglise doit parcourir.» [1]

Dès lors, il faut admettre que les Ivoiriens se trouvent dans une impasse totale et si l'action pastorale ne consiste pas en premier à remédier le déséquilibre social, la situation risque de perdurer encore. A travers ce parcours, nous sommes d'avance rassurés de cette nation qui se veut toujours hospitalière, ses ethnies ancrées dans des traditions et des valeurs propices à la cohabitation pacifique malgré leur nombre impressionnant, et la couverture religieuse très imperméable aux esprits belliqueux. Cependant, le politique ivoirien dans son désir de parfaire l'économie nationale pour le développement du pays a fait preuve d'une légèreté aux conséquences incontrôlables au plan social depuis l'indépendance. Face à cette situation gravissime, l'unité nationale ne peut que se briser en factions opposées au profit des politiques véreux. Doit-on en conclure qu'on ne peut plus reconstruire une cohésion nationale au bénéfice de tous ? Certainement pas. Il faut creuser dans le patrimoine socioculturel les moyens d'une réconciliation sociale pour les confronter aux exigences éthiques proposées par l'Eglise pour établir une réconciliation théologico-pastorale. Ce sera l'effort de la deuxième partie de cette étude.

---

[1] Jean-PAUL II. *Encyclique Centesimus annus*, n°53.

6. Chapitre 2. Les creusets de la réconciliation

Pour sortir la Côte d'Ivoire de ses ornières militaro-politiques, de multiples moyens subsistent. Parmi les plus évidents, au plan étatique un mécanisme emblématique dénommé la Commission Dialogue, Vérité et Réconciliation a été institué. Sa mise en place a été perçue comme une bouffée d'oxygène qui rétablirait l'effervescence du vivre ensemble. Outre cette institution de l'Etat ivoirien, les sources socioculturelles et religieuses de la réconciliation ne sont certainement pas négligeables.

En effet, depuis les débuts des hostilités, leurs actions indépendantes de maintien de l'ordre n'ont cessé de faire valoir leur importance. Cette étude se propose de mettre en lumière les différentes potentialités sans toutefois passer sous silence leur limite quand il en existe. D'ores et déjà, l'instrument de l'Etat passe pour le premier point de notre analyse. Quel est son objectif ? Aussi quel résultat a-t-il produit ?

2.1. La Commission Dialogue Vérité et Réconciliation (CDVR)[1]

La Commission Dialogue Vérité et Réconciliation a vu le jour à partir de l'Ordonnance n° 2011-167 du 13 juillet 2011 émanant de la Présidence de la République de Côte d'Ivoire, sous le Président Alassane Dramane OUTTARA.

Quelles sont ses objectifs et ses dispositions ?

2.2. Objectifs et rapports de la CDVR[2]

Charles Konan BANNY a été nommé Président de la Commission Dialogue, Vérité et Réconciliation.

Dans l'ordonnance, cinq (5) chapitres disposant vingt-neuf (29) articles légitiment cet organe suprême, définissent ses objectifs précis en vue d'un rapport satisfaisant de sa mission. D'abord, le chapitre (I) : Création, dispose les articles 1 à 4. Ensuite, le Chapitre (II) : Attribution, comprend uniquement l'article 5. Puis le chapitre (III) : Organisation, retient les articles 6 à 18. Et le chapitre (IV) : Fonctionnement, délimité par les articles 19 à 24. Enfin le chapitre (V) : Dispositions financières, régi par les articles 25 à 29[3].

Nous voulons consacrer une réflexion sur ses objectifs, son rapport final et ses limites. Ceci nous permettra de savoir en quoi la création de cette institution a été ou pas un facteur bénéfique au processus de la réconciliation dans le pays.

---

[1] INSTITUT DES HAUTES ETUDES SUR LA JUSTICE. *Commission Dialogue Vérité et Réconciliation : une belle coquille vide ?* [en ligne]. Octobre 2015. Disponible au format PDF sur Internet «https://ihej.org/wp-content/uploads/2015/10/La-Commission-Dialogue-V%C3%A9rit%C3%A9-et-R%C3%A9conciliation-ivoirienne-une-belle-coquille-vide-_.pdf». [Consulté le 02 février 2021].

[2] *Commission Dialogue, Vérité et Réconciliation. Rapport final [en ligne].* Décembre 2014. Disponible sur «http://www.gouv.ci/doc/presse/1477497207RAPPORT%20FINAL_CDVR.pdf». [Consulté le 02 février 2021].

[3] *Abidjan.net. Gouvernement. Commission Dialogue, Vérité et Réconciliation* [en ligne]. 13 juillet 2011. Disponible sur «https://www.abidjan.net/gouv/p.asp?id=11». [Consulté le 02 février 2021].

Précisons d'emblée que dans l'ordonnance, en son : *«Chapitre I. Article 2. La CDVR est une Autorité Administrative Indépendante dotée de la personnalité juridique et de l'autonomie financière. Son mandat est de deux (2) ans.»*[1] Par cette indépendance absolue, la CDVR jouit de la plus grande latitude pour résorber les traumatismes issus des crises successives. Au-delà de toute attente, on ne saurait douter de sa réussite dans sa mission régalienne. Son unique but est : *«D'œuvrer en toute indépendance à la réconciliation et au renforcement de la cohésion sociale entre toutes les communautés vivant en Côte d'Ivoire par le biais de mécanismes de justice traditionnelle.»* [2]

La complexité de sa mission a permis de définir une ligne doctrinale de réparation visant au minimum trois questions essentielles qui sont : *«A qui accorder les réparations ? Quoi réparer ? Comment réparer ?»*[3]

Sur le plan sécuritaire, la bonne tenue du processus dépendait de la protection offerte aux personnes ressources. A cet effet, le renforcement de la sécurité par les différentes forces de maintien de l'ordre a été associé à l'opération durant tout le processus.

En ce qui concerne les individus à auditionner, la CDVR précise que : *«La protection des témoins, des victimes et auteurs présumés est l'ensemble des mesures prises pour protéger et garantir l'intégrité physique et morale des personnes en danger ou dont la vie est menacée.»*[4] La commission paraît être un instrument authentique du retour immédiat et sans condition de la paix en Côte d'Ivoire. En effet, dans l'Ordonnance, elle dispose plein pouvoir et le chapitre II, Article 5 définit les neuf (9) prérogatives qui lui sont transférées :

«A ce titre, elle est chargée :

- D'élaborer une typologie appropriée des violations des droits de l'homme susceptible d'être l'objet de ses délibérations ;

- De rechercher la vérité et situer les responsabilités sur les événements sociopolitiques nationaux passés et récents ;

- D'entendre les victimes, obtenir la reconnaissance des faits par les auteurs des violations incriminées et le pardon conséutif ;

---

[1] Abidjan.net. Gouvernement. Commission Dialogue, Vérité et Réconciliation [en ligne]. 13 juillet 2011. *Ibidem*, [Consulté le 02 février 2021].

[2] INSTITUT DES HAUTES ETUDES SUR LA JUSTICE. Commission Dialogue Vérité et Réconciliation : une belle coquille vide *?* «Une création en fanfare des résultats en catimini» [en ligne]. *Op. Cit.* [Consulté le 02 février 2021].

[3] Commission Dialogue, Vérité et Réconciliation. Rapport Final.
La doctrine de la CDVR en matière de la réparation. p. 89 [En ligne]. Décembre 2014. Disponible sur «http://www.gouv.ci/doc/presse/1477497207RAPPORT%20FINAL_CDVR.pdf». [Consulté le 02 février 2021].

[4] Commission Dialogue, Vérité et Réconciliation. Rapport Final. Chapitre 9.
La protection des victimes et des données. p. 91 [en ligne]. Décembre 2014. Disponible sur «http://www.gouv.ci/doc/presse/1477497207RAPPORT%20FINAL_CDVR.pdf». [Consulté le 02 février 2021].

- De proposer les moyens de toute nature susceptibles de contribuer à guérir les traumatismes subis par les victimes ;

- D'identifier et faire des propositions pour leur réalisation des actions de nature à renforcer la cohésion sociale, l'unité nationale ;

- D'identifier et faire des propositions visant à lutter contre l'injustice, l'inégalité de toute nature, le tribalisme, le népotisme, l'exclusion ainsi que la haine sous toutes leurs formes ;

- D'éduquer à la paix, au dialogue et à la coexistence pacifique ;

- De contribuer à l'émergence d'une conscience nationale et à l'adhésion de tous au primat de l'intérêt général ;

- De promouvoir le respect des différences et les valeurs démocratiques.» [1]

Apparemment, l'article 5 de l'ordonnance rassure les victimes en particulier et les ivoiriens en général de l'impartialité de la Commission. Pour cerner davantage la mission de la CDVR, nous voudrions porter une observation sur ledit rapport. Notre désir est de nous procurer suffisamment d'indices susceptibles de nous instruire. Au terme de cette laborieuse opération, déceler l'état d'esprit de la population en général et des victimes en particulier. Sont-elles suffisamment soulagées de leur souffrance morale et physique ?

2.2.2. Présentation du rapport de la CDVR [2]

Du 13 mai 2011 au 28 septembre 2014, trois (3) années, à priori, ont été accordées à la Commission Dialogue, Vérité et Réconciliation pour œuvrer dans le sens du renforcement de la cohésion sociale et de l'unité nationale. La mission initialement prévue pour une durée de deux (2) ans, c'est au terme de la troisième année, qu'elle s'est achevée. Il ressort dudit rapport que ce prolongement d'une année en plus se justifie par les nombreux cas non traités qui ne devraient pas sombrer dans l'oubli. À cet effet, *«Le 13 février 2014, le Chef de l'Etat a pris l'ordonnance N°2014-32, relative à la poursuite des missions de la Commission Dialogue, Vérité et Réconciliation.»*[3] Quelle analyse concrète peut-on faire des cinq (5) grandes parties de ce rapport ?

2.3. Analyse du rapport

De ce rapport, nous voudrions porter une observation sur deux idées essentielles : la satisfaction qu'éprouvent la CDVR et les recommandations énumérées. Certes, manifestement, la satisfaction n'est pas objet du présent rapport. Néanmoins, ses allusions comme indices tangibles fournissent des matières à réflexion. En vue de porter à bien cette analyse, nous précisons au préalable, que

---

[1] Commission Dialogue, Vérité et Réconciliation. Le Président [en ligne]. 13 juillet 2011. Disponible sur «http://www.oidh.ci/images/download/ressources_documentaires/textes_nationaux/ordonnance_cdvr.pdf». [Consulté le 3 mars 2021].

[2] *Ibidem,* [Consulté le 03 mars 2021].

[3] *Ibidem,* [Consulté le 03 mars 2021].

celle-ci s'articulera autour de la troisième et quatrième partie successivement intitulées les résultats et les recommandations. C'est à ces niveaux que nous percevrons à la fois le contact de la Commission avec la population et leur projection pour l'avenir.

2.3.1. *Au niveau de la satisfaction de la CDVR* [1]

Plusieurs aspects du processus de consolidation de la cohésion sociale témoignent de la satisfaction de la CDVR. Pour elle, la volonté politique du Président Alassane Dramane OUTTARA de joindre l'acte à la parole donnée est une satisfaction préalable. C'est en présence d'un panel de leaders internationaux composé de : Kofi ANNAN ancien Secrétaire de ONU, de Monseigneur Desmond TUTU et de Mary ROBINSON ancienne Présidente de la République d'Irlande, qu'il a nommé le Président de la CDVR[2]. Grâce à la nature du processus qui se veut à la fois inclusive, participative, ouverte et consultative, les composantes de la société civile et les victimes ont marqué leur intérêt pour collaborer à la mission de réconciliation.[3]

Les autorités administratives locales, les chefs traditionnels, les leaders des jeunes et de femmes se sont abstenus de toutes attitudes réfractaires. Les garanties sécuritaires ont été des leviers majeurs car ils ont facilité le bon déroulement du processus de la Commission[4]. L'institution a vu la participation massive des victimes et des témoins aux auditions. En terme numérique, soixante-douze mille quatre cent quatre-vingt-deux (72.482) victimes, auteurs présumés, et témoins de violences ont fait leur déposition. [5]

En raison des préjudices subis, la quasi-totalité des victimes, soit soixante-quinze pour cent (75%) ont manifesté le désir de bénéficier des réparations financières.[6] Par ailleurs, la réussite de l'opération est due en partie au travail des différentes sous sections de la CDVR. Partout dans les différentes localités du pays, les commissions déconcentrées ont été installées.[7] Soit au nombre de trente-sept (37) et composées de trois cent quatre-vingt-huit (388) commissaires locaux.[8] Outre le dispositif sécuritaire, pour faciliter la mission, les commissions locales ne se sont pas empêchées d'user des mécanismes locaux de médiation et de règlement de conflits.[9]

Ces informations sont relativement rassurantes et satisfaisantes. Cependant, la participation de toutes les forces vives de la nation ainsi que les acteurs de premiers rangs tels que les victimes, les témoins et les auteurs présumés indiquent

---

[1] Commission Dialogue, Vérité et Réconciliation. Rapport Final. Troisième partie : Les résultats. p. 96 [en ligne]. *Ibidem,* [Consulté le 03 mars 2021].

[2] Ibidem. [Consulté le 03 mars 2021].

[3] *Ibidem*, p. 98, [Consulté le 03 mars 2021].

[4] Abidjan.net. Gouvernement. Commission Dialogue, Vérité et Réconciliation [en ligne]. *Op. Cit,* [Consulté le 03 mars 2021].

[5] *Ibidem*, p. 100, [Consulté le 03 mars 2021].

[6] *Ibidem*, p. 100, [Consulté le 03 mars 2021].

[7] *Ibidem*, p. 100, [Consulté le 03 mars 2021].

[8] *Ibidem*, p. 101, [Consulté le 03 mars 2021].

[9]*Ibidem,* p. 101. [Consulté le 03 mars 2021].

réellement le retour à la paix véritable ? Avant de donner un aperçu à cette préoccupation, passons en revue quelques-unes des recommandations de la commission pour mieux apprécier le contexte sociopolitique.

2.3.2. *Au niveau des recommandations de la CDVR[1]*

Au terme de sa mission, la CDVR a fait d'importantes recommandations. Parmi lesquelles, certaines semblent pertinentes. La provenance de toutes les recommandations se situe au niveau de son opération accomplie. Ainsi précise-t-elle qu'elles sont reparties en quatre sources qui sont : *«Les consultations nationales, les dépositions des victimes et des témoins, les apports des experts associés collectivement ou individuellement par la CDVR à ses travaux et la commission elle-même.»*[2]

En raison de leurs situations, les recommandations sont reparties en catégorie thématique représentées de la façon suivante : «Les causes profondes de la crise, les mesures politiques, les réparations, les réformes administratives et institutionnelles, les actions nécessaires à l'éradication du cycle de violences, le travail de mémoire.»[3] L'observation minutieuse de ces suggestions révèle l'atmosphère certaine dans laquelle les ivoiriens se situe après le processus. Nous nous gardons d'évoquer les recommandations des causes profondes de la crise. Bien qu'importantes, pour notre part, elles dénotent de la politique de bonne gouvernance des pouvoirs politiques, sans quoi la démocratie et la paix ne sauraient être la règle de l'Etat de droit. Cependant, notre intérêt voudrait s'appesantir sur les recommandations au niveau des victimes et politiques.

Comme préalable, la CDVR rappelle le principe général de droit qui détermine que : *«Celui que cause un préjudice a l'obligation de le réparer. La notion de responsabilité est inférant à la notion d'être sujet de droit. Ceci inclut les Etats à l'égard de droit de leurs obligations découlant du droit international.»*[4] Toutefois, pour que la réconciliation ne fasse pas une piètre figure, elle recommande également que les promesses de réparations soient tenues.[5] Ainsi, sont déterminées les recommandations suivantes:

Pour ce qui est des victimes [6]

Est reconnue victime toute personne physique ou morale qui a subi directement ou indirectement un ou plusieurs préjudices du fait des différentes crises successives durant la période de 1990 à 2011.

La considération de préjudice s'établit au niveau des dommages corporels, matériels, moraux ou psychologiques

---

¹ *Commission Dialogue, Vérité et Réconciliation. Rapport Final* [en ligne]. *Op. Cit.*, [Consulté le 4 février 2021].
² *Ibidem,* p. 103.
³ *Ibidem,* p. 103.
⁴ *Ibidem,* p. 107.
⁵ *Ibidem,* p. 107.
⁶ *Ibidem,* p. 107.

Il est constaté la difficulté d'établir une idée précise du coût global des réparations physique car tous les auditionnés sont éligibles. Toutefois, une projection des expertises médicales pourrait faire une estimation ajustable.

Faire des réparations financières (individuelles ou collectives) et non financières (morales, symboliques, des réhabilitations communautaires, les prises en charge psychologiques).

La Commission recommande, que les indemnisations des personnes décédées s'étendent à leurs ayants droits.

En ce qui concerne les personnes disparues aucune notion légale n'est établie en Côte d'Ivoire.

Au plan politique [1]

Les problèmes politiques mal résolus sont perçus comme les sources de la crise. Dès lors des recommandations sont faites à l'endroit de l'Etat.

- Déterminer une semaine à titre de journée à la mémoire et du pardon en vue de cicatriser les blessures de l'histoire de la Côte d'Ivoire moderne.

- La tribune sera dédiée aux institutions de l'Etat, les organisations politiques, militaires et paramilitaires, les principaux acteurs et responsabilité avérée de la survenue de la crise. Ainsi, l'Etat pourra demander pardon à toute la nation pour sa responsabilité dans le développement de la crise.

- Déterminer des journées de dialogue pendant lesquelles les forces vives de la nation répondront aux questions concernant : la vie de la nation ; la consolidation de la démocratie ; au vivre ensemble ; etc.

- Eradiquer le phénomène de mercenaires frontaliers par des mesures inter-Etats.

- Mettre un terme à la poursuite et à la levée du gel des avoirs.

Pouvons-nous dire qu'à la date du 28 septembre 2014, mieux après cette date la paix serait-elle revenue en Côte d'Ivoire ? L'absence de guerre signifie-t-elle la paix ? Après cette observation quelle analyse peut-on faire de ce rapport ?

2.3.3. Les limites du rapport de la CDVR

En vue de la réalisation des propositions, du renforcement de la cohésion sociale et de l'unité nationale, la CDVR centrale a déployé sur toute l'étendue du territoire national ses représentations. Celles-ci ont permis de décrisper

---

[1] *Commission Dialogue, Vérité et Réconciliation. Rapport Final. Quatrième partie les recommandations. Recommandation en matière de réparations* [en ligne], p. 113. [Consulté le 4 février 2021].

l'atmosphère craintive de la Côte d'Ivoire. Des victimes ont révélé leur rancœur, les auteurs de crimes et les témoins ont été auditionnés. Suffit-il d'agir ainsi pour affirmer que le pays est totalement pacifié ? La réponse peut paraître mitigée.

En effet, la décision unilatérale du Président de la République de créer la CDVR ne semble pas convenir à l'opposition politique. Le Président de la Commission Charles Konan BANNY n'hésite pas de mentionner dans le remerciement au début de son rapport Final, ladite volonté :

> *«Nous disons notre gratitude au Chef de l'Etat qui, dès les premiers jours du dénouement de la crise postélectorale de 2010-2011, a pris la décision de créer la commission Dialogue, Vérité et Réconciliation, conformément à ses engagements de la campagne électorale, et en faisant des objectifs assignés à la CDVR un des deux piliers de la renaissance de la Côte d'Ivoire.»[1]*

Une telle décision ne peut qu'offusquer les adversaires politiques. En effet, si pour certains, la CDVR est envisagée comme un facteur de régulation du climat sociopolitique ivoirien, nombreux sont ceux qui pronostiquent l'échec de sa mission de réconciliation. Est-ce à dire que la volonté unilatérale de créer cet organe n'engage que son auteur ? Pour d'autres à l'instar d'Hélène CALAME et Joël HUBERCHT, tous deux responsables du programme justice internationale et transitionnelle, le fiasco de la commission était, dès le départ, presqu'envisageable.

> *«Elle était composé d'un comité exécutif qui, sous la houlette du président Charles Konan BANNY, regroupaient trois vice-présidents représentant différentes confessions religieuses et chefferies traditionnelles, et de sept commissaires centraux représentant les différentes régions du pays et de la diaspora. Ce premier niveau devait être prolongé par des commissions régionales et différentes commissions spécialisées sur des sujets allant de la compréhension des causes profondes de la crise à la typologie des crimes commis et à l'évaluation des réparations à apporter. Sur le papier, la CDVR apparaissait comme un mécanisme complet répondant aux meilleures normes des «boites outils» de la justice transitionnelle. Mais concrètement, la manière de remplir cet organigramme qui voulait représenter toute la société a été réalisée sans consultation des populations ou des représentants de la société civile et un certain nombre des composantes essentielles de ce projet très rapidement conçu ont été très lentes à être concrètement mises en place. Des enjeux politiques influèrent sur la composition du comité central.»[2]*

---

[1] *Commission Dialogue, Vérité et Réconciliation. Rapport Final* [en ligne]. Décembre 2014. Disponible sur «http://www.gouv.ci/doc/presse/1477497207RAPPORT%20FINAL_CDVR.pdf». [Consulté le 4 février 2021].

[2] CALAME, Hélène. HUBERCHT, Joël. *La commission dialogue vérité et réconciliation, une belle coquille vide* [en ligne] 3 novembre 2015. Disponible sur «https://www.justiceinfo.net/fr/2797-la-commission-dialogue-verite-et-reconciliation-ivoirienne-une-belle-coquille-vide.html». [Consulté le 4 février 2021].

De plus, l'on ne peut s'empêcher de déceler une intrigue au terme de cette mission. L'article 24 stipule que : «*A la fin de ses travaux, la CDVR établit un rapport contenant des recommandations. Le rapport est transmis au Président de la République.*»[1] Evidemment, la quasi-totalité des complications ne semble pas résidée dans l'exercice de la mission, mais aussi bien dans l'issue de son rapport. En effet, quelle impartialité ou objectivité doit-on s'attendre lorsque le Pouvoir Public est le produit de la belligérance ? Aussi longtemps que la dépendance totale des institutions de l'Etat est avérée, le Président de la République sera le seul à déterminer l'intérêt d'un tel rapport. Par ailleurs, peu avant l'échéance du processus prévue pour le 28 septembre 2014, un rapport de DOUDOU Diène[2] expert indépendant sur la situation des droits de l'homme en Côte d'Ivoire fait des révélations le 15 mai 2014. En effet, ce rapport adressé à l'ONU rappelle que :

> *«La Côte d'Ivoire est dans un moment de vérité dont la complexité s'accentue au fur et à mesure de l'approche des élections présidentielles de 2015. Cette complexité est renforcée par un environnement régional encore fragile du fait des conflits émergents. (...) certaines préoccupations constantes liées, entre autre, à l'augmentation des violences sexuelles, à la persistance des exactions commises par les Forces républicaines de Côte d'Ivoire (FRCI) et les Dozos, aux conditions socio-économiques de la population, et aux préoccupations relatives à la liberté d'expression et d'association.(...) les progrès considérables accomplis par la Côte d'Ivoire dans le domaine de la consolidation de l'Etat de droit, mais souligne les défis majeurs encore prévalent.»* [3]

A mesure que le processus de réconciliation évolue en audition et sa diplomatie cherche comment colmater les brèches sociales, des exactions arbitraires parfois commandités à partir du sommet de l'Etat ne cessent de se multiplier et donnant l'impression que la justice est sélective. La CDVR semble être déroutée et dénonce ces faits de la façon suivante :

> *«Alors que la commission a fait publiquement sienne la règle du ¨Ni vengeance ni impunité¨, recommandée par les Nations Unies, et que le Président de la République a déclaré qu'il était profondément attaché à une justice équitable, certains citoyens ont l'impression, encore persistante, que la justice ivoirienne est sélective. Plusieurs centaines de personnes proches de l'ancien Président Laurent GBAGBO sont*

---

[1] *Commission Dialogue, Vérité et Réconciliation. Le Président* [en ligne]. [Consulté le 03 février 2021].

[2] DOUDOU Diène, né le 12 décembre 1941 à M'bour, est un juriste et diplomate sénégalais. Il est rapporteur spécial de l'ONU sur les formes contemporaines de racisme. De discrimination raciale, de xénophobie et de l'intolérance qui est associée de 2002 à 2008. En mai 2007, il est nommé par François Hollande membre du conseil d'administration de la Fondation pour la mémoire de l'esclavage. Disponible sur
«https://fr.wikipedia.org/wiki/Doudou_Di%C3%A8ne#:~:text=Doudou%20Di%C3%A8ne%2C%20n%C3%A9%20le%2012,associ%C3%A9e%20de%202002%20%C3%A0%202008». [Consulté le 9 mars 2021].

[3] Nation Unie. Assemblée Générale, Rapport de l'expert indépendant sur la situation des droits de l'homme en Côte d'Ivoire, DOUDOU Diène [en ligne]. 15 mai 2014. Disponible sur «https://undocs.org/en/A/HRC/26/52».[Consulté le 9 mars 2021].

contraintes à l'exil ou sont incarcérés alors que peu de partisans de M. Alassane OUTTARA ont été traduits en justice alors que des faits graves leur sont reprochés.» [1]

Sensiblement, le contenu du rapport prête l'espoir d'une Côte d'Ivoire relativement recomposée dans l'unité, nonobstant certaines difficultés issues du milieu politique et juridique. Cependant, la réalité est loin d'être parfaite comme on pouvait la voir. En effet, si la réconciliation peut se réaliser à l'absence de la masse de la population exilée et apeurée pour un retour sous condition de détention pénale, si certaines personnes restent écartées de leur activité professionnelle, si les comptes bancaires de certains adversaires du régime politique restent gelés, si certains protagonistes de premier plan de la crise sont incarcérés et d'autres exilés, alors force est de dire, la mission de la CDVR est une pseudo-réconciliation. Notre désir de trouver un mécanisme fiable et capable de réconcilier toute la population ivoirienne, nous oblige à dépasser la CDVR pour explorer d'autres mécanismes socioculturels.

2.4. Les points d'accès socioculturels de la réconciliation

La réconciliation demeure une valeur intrinsèquement présente dans tous les esprits humains. Se réconcilier est une des capacités de l'homme à construire une relation tangible avec son entourage. C'est donc une disposition innée, voire un donné naturel. Le contexte délétère de la Côte d'Ivoire exige de chacun un examen de conscience pour s'engager pour de vrai à la réconciliation. Sans ce préalable, toute tentative de relance économique demeurera piétinée, comme exprimait Christine LAGARDE, lors de sa visite en Côte d'Ivoire en 2013. [2] Devrons-nous être pessimistes en supposant que la réconciliation serait impossible en Côte d'Ivoire ?

Les peuples de la Côte d'Ivoire ont la notion de la réconciliation. Le parcours, qui s'offre à nous, voudrait recueillir les points d'accès socioculturels ivoiriens. Dans ce parcours, nous observerons la démarche humaine de la réconciliation d'un auteur chrétien, pour percevoir comment ces différentes perspectives mises en relief peuvent inspirer une démarche pastorale.

2.4.1. Les points sociaux de la réconciliation

Dans plusieurs domaines les communautés ivoiriennes, les rencontres nouent et dénouent les relations. Généralement, les affrontements ne surviennent qu'entre des personnes vivant ensemble ou partagent le même intérêt. La réconciliation suppose, également, que vivre ensemble en position d'antagoniste est insupportable. Les communautés ivoiriennes ont plusieurs moyens de régler les différends. Elles disposent trois (3) mécanismes de règlement de conflits, qui nous paraissent indispensables pour réparer toute forme de fracture sociale : les accords

---

[1] *Commission Dialogue, Vérité et Réconciliation. Rapport Final.* Les résultats, l'impression que la justice est sélective [en ligne]. *Op.Cit.,* p. 96.

[2] Cfr CHARBONNEAU Bruno, *La Côte d'Ivoire : Possibilité et limite de la réconciliation.* In Cairn. Info Matière à réflexion. Dans Afrique Contemporaine, n° 249, p. 111 à 129 [en ligne]. 04 juin 2013. p. 1. Disponible sur «https://www.cairn.info/journal-afrique-contemporaine-2013-1-page-111.htm». [Consulté 11 mars 2021].

matrimoniaux, les alliances intercommunautaires et l'arbre à palabre. L'objectif de ces différents cadres est le même.

À l'échelle intercommunautaire ou nationale, comme la crise ivoirienne, ils permettent : *«D'aider les sociétés traumatisées par la violence à faire face à leur passé critique, afin de sortir de leurs crises profondes et d'éviter que de tels faits se reproduisent dans un proche avenir.»* [1] Notre approche analytique de ces différents cadres obéira à une démarche simple. D'abord, nous observerons l'influence que requièrent les accords matrimoniaux et leurs impacts collatéraux sur les personnes d'un même clan, d'une localité ou d'une même région. Ensuite, nous nous intéresserons aux alliances intercommunautaires pour comprendre comment cette réalité sociale peut dénouer les intrigues sociales. Enfin, nous scruterons la fonction de l'arbre à palabre pour voir sa compétence en matière de règlements de conflits.

2.4.1.1. Les accords matrimoniaux

Le mariage révère les rapports entre deux individus qui s'aiment et se donnent l'un à l'autre pour fonder une famille. Cet acte très important ne peut se réaliser qu'en présence de témoins. Personne, mieux que les familles des fiancés ne consentent et valident officiellement le nouveau groupe conjugal. Car, c'est à l'une de présenter la dot et à l'autre de l'accepter.[2] En effet, la cérémonie du mariage est symbolique pour les africains en général et en particulier pour les ivoiriens. Il englobe et les vivants et les ancêtres. C'est pourquoi, chez tous les peuples par exemple, un mariage fortuit voire une parade est inconcevable.

Selon Louis-Vincent THOMAS et René LUNEAU, le mariage africain est un *«langage qui exprime les profondeurs du genre humain ; c'est encore la possibilité pour l'homme de se réaliser.»*[3] C'est dire que le mariage est une réalité qui transcende les seules capacités et volontés des conjoints, et impacte la parenté.[4] Ces

---

[1] MARTIN Arnaud, *La mémoire et le pardon. Les commissions de la vérité et de la réconciliation en Amérique Latine*, Paris, L'Harmattan, 2009, p. 26. (MARTIN Arnaud est né en 1972. Il a étudié la psychologie et l'anthropologie. En artiste autodidacte, il se tourne vers l'art-thérapie qu'il pratique dans un foyer pour handicapés. Pour MARTIN Arnaud, l'art est un moyen on unique, qui lui permet de partager les différentes étapes de sa vie et les sensations qu'il ressent lors de certaines d'entre elle. Sa peinture et ses desseins ne présentent pas les mêmes aspects car chacun correspond à une période de sa vie.) Artsper. Arnaud Matin. Disponible sur «https://www.artsper.com/be/artistes-contemporains/france/5706/arnaud-martin». [Consulté le 12 mars 2021].

[2] VANGU VANGU Emmanuel, *Sexualité, initiations et étapes du mariage en Afrique. Au cœur des rites et des symboles*, Paris, L'Harmattan, 2012, p. 193.
VANGU VANGU Emmanuel est Prêtre Originaire du Kongo Central/RD Congo. Docteur en théologie dogmatique, il est professeur aux grands séminaires Saint-Pie X de Murhesa (Bukavu) et Saint-Robert Bellarmin de Mayidi (Kisantu). Il assume par ailleurs la charge de Curé à la paroisse de Somzée dans le Diocèse de Namur en Belgique. Auteur de trois œuvres dont : Sexualité, initiations et étapes du mariage en Afrique, Au cœur des rites et des symboles «Sciences Humaines». La théologie de Marie Dominique CHENU. La théologie africaine et le calvaire des peuples, Enjeux des ministères de la croissance de l'Eglise. Cfr. La biographie sur son œuvre sexualité, initiation et étapes du mariage en Afrique, Au cœur des rites et des symboles.

[3] THOMAS Louis-Vincent, LUNEAU René, *La terre africaine et ses religions. Traditions et changements*, Paris, L'Harmattan, 1980, p. 111.

[4] RADCLIFF-BROWN Alfred Reginald, FORDE Darylle, *Système familiaux et matrimoniaux en Afrique*, vol.1 in-8°, traduction révisée par M. GRIAULE, Paris, PUF, 1953, p. 363. [en ligne]. Disponible sur «<u>Radcliffe-Brown A.R. et Forde Daryll — Systèmes familiaux et matrimoniaux en Afrique - Persée (persee.fr)</u>». [Consulté le 28 janvier2021].

derniers, dans leur volonté de se marier, engagent par voie de conséquence leurs communautés. Cette conception du mariage permet aussi à Emmanuel V. Vangu de dire à la suite de Lamine N'DIAYE[1] :

> *«Que toute activité rituelle fait sens, dans la mesure où on lui reconnaît une certaine efficacité. Cette efficacité symbolique est garantie par l'adhésion des membres de la communauté qui cherchent par le truchement d'attitudes culturellement signifiantes, à gommer les ¨non-sens¨ sociaux, conjurer les chagrins (les rites mortuaires, par exemple) ou à dominer les phénomènes aléatoires et épisodiques de la réalité sociétale.»*[2]

Dès que l'union établie, les communautés ne peuvent s'empêcher du rôle capital qui est le leur. Elles s'octroient le rôle de garant de la stabilité d'amour des conjoints. Ce rôle va du simple regard d'attention et d'estime jusqu'à l'initiative de déjouer tous projets conflictuels mettant en mal la quiétude du foyer. Ces communautés, devenues proches par alliance sont soumises impérativement aux obligations d'unité, d'amour et de non-violence. En revanche, on peut s'attendre que toutes fautes à l'intérieur du groupe puissent viser l'unité des conjoints. Le mariage devient un facteur important d'unité. Par ce lien, des communautés voire des villages sont sensibles à l'unité et à la paix.

Le mariage consolide les relations et empêche toute possibilité de conflit. Dans certaines conditions où des conflits éclatent la réconciliation devient facilement possible parce que le mariage d'un proche oblige le retour à l'entente. La reconstruction du tissu social ivoirien ne peut-elle pas être traitée sur la base des multiples liens d'amour ? Les peuples du Nord ont eu à célébrer des mariages avec les peuples du Sud ; ceux du Sud avec ceux de l'Ouest ; ceux de l'Ouest avec ceux de l'Est et ceux de l'Est avec ceux du Centre.

Les ivoiriens sont liés par les liens du mariage qui, aujourd'hui pourraient constituer le moyen important pour la réalisation de la paix. C'est ici le lieu de retenir l'expression typiquement ivoirienne qui dit : *¨si tu ne peux pas aider ton frère à se marier, de grâce ne l'aide pas non plus à divorcer¨*. Certes, la fracture sociale ne tire pas son origine dans les liens des mariages. Cependant, les antagonistes ne sont pas en situation extra conjugale d'une manière ou d'une autre au point où le mal commis n'a pas d'implication dans les familles. Chaque victime du désordre ivoirien est membre d'une famille qui est inévitablement en relation avec d'autres familles. Un individu qui se désintègre de l'idéal des familles à un moment d'ébriété, par colère ou par un souci de vengeance pour commettre des impaires finira par s'accommoder aux principes de son groupe.

Dans la pluralité ordonnée des communautés, l'être moi tend à s'introduire dans la souveraineté de l'unité réfléchie de l'être ensemble. L'idée qui préside la volonté du vivre ensemble n'est plus un sentiment ou un donné qui leur vient

---

[1] NDIAYE Lamine est à la fois Professeur de sociologie et d'anthropologie, et actuel directeur de l'école doctorale études sur l'Homme et la Société (ET. HO. S) à l'université Cheikh Anta Diop de Dakar (UCAD).
[2] VANGU VANGU Emmanuel, *Sexualité, initiations et étapes du mariage en Afrique. Au cœur des rites et des symboles, Op. Cit.,* p. 26.

d'ailleurs. C'est un besoin de groupe qui réalise le vivre ensemble. C'est pourquoi, la réconciliation semble également inévitable pour ramener la paix entre les ivoiriens dans leur ensemble. Le mariage, pourrait-on dire à juste titre, peut devenir le ciment de l'unité, le miroir incontournable pour la réconciliation. Outre cet aspect, les alliances intercommunautaires sont aussi un élément à inspecter.

2.4.1.2. *Les alliances intercommunautaires*

Nous avons auparavant évoqué la notion d'alliance entre les peuples en Côte d'Ivoire. Les formes d'alliances sont variées. Cependant, leur objectif est le même. Au sujet d'alliance, on peut penser également l'alliance à plaisanterie. Comme un phénomène social, elle tire son importance en fonction des facteurs collectifs. En effet, l'alliance à plaisanterie est strictement liée aux valeurs et aux normes qui caractérisent le groupe. Son application provient du fait qu'elle est inscrite dans la conscience collective. En plus, son origine méconnue de tous, semble se tisser avec les sociétés anciennes voire mythiques. Tous les tabous qui se rapportent aux alliances à plaisanterie, révèrent le caractère sacré et leur transgression impose à son auteur la rigueur d'une sanction proportionnée et curative. On comprend alors que les alliances interethniques ou alliances à plaisanterie sont des institutions sociales qui permettent de maintenir ou de résoudre de façon indéterminée les conflits et l'ordre social. Comment imaginer malgré l'existence de ces valeurs sociales, la crise ivoirienne perdure ?

Par ailleurs, les relations entre les membres d'une famille se caractérisent par la hiérarchie et les échanges. Les civilisations quant à elles tirent leur origine dans le passé des ancêtres. Une des particularités de la Côte d'Ivoire, c'est bien ses valeurs sociales. Elles ont la délicate mission d'atténuer ou d'empêcher les affrontements entre les différents peuples. La parenté détermine l'univers des rapports entre individus consanguins. Elle peut aussi avoir des ramifications avec une ou des alliances à partir des liens d'amitié ou de mariage. Ces différents liens ont pour fonction d'établir soit l'ordre politique comme la hiérarchie dans le clan. Ils peuvent maintenir l'ordre juridique comme dans le domaine de l'héritage. Ils peuvent également influencer l'ordre économique comme l'entraide ou l'assistance matérielle des personnes en situation de détresse.

Tous ces liens jusqu'à présent non seulement restent tangibles entre les différents peuples ivoiriens, mais aux yeux de chaque ivoirien ils constituent des valeurs à maintenir. Ainsi, lorsque des ivoiriens se rencontrent en dehors de leur contrée, après les échanges de civilité s'ils se découvrent alliés, la plaisanterie consolide leur rapprochement et les établit dans une fraternité. Nous estimons en partie que si la Côte d'Ivoire est restée paisible jusqu'au bouleversement total de l'ordre social, c'est aussi grâce aux alliances. L'idée de paix sociale est indispensable pour les peuples. Ils savent que peu importe les divergences, les alliances nous rassemblent tous et nous aident à comprendre notre complémentarité comme les doigts de la main ; différents mais incomplets lorsque l'un est touché. C'est tout le sens que donne UNESCO (Organisation des Nations Unies pour l'éducation, la science et la Culture). Créée au lendemain de la 2ème guerre mondiale, elle a pour rôle de faire oublier les affres de la guerre. Par ailleurs, Elle multiplie des actions d'éducations pour faire barrage à tout esprit de belligérance.

Notre intérêt pour l'alliance intercommunautaire relève du fait qu'elle incorpore et même assimile bien d'autres, comme l'aide, la collaboration, la coopération. Ici, il s'agit de la réconciliation nationale. Une solidarité mérite d'être consentie. Une solidarité en vue de la réconciliation qui s'impose par le fait de l'interdépendance entre les peuples. Elle doit, d'une part, pousser à la compréhension particulière de la part des chefs de famille, de clans et de tribus. D'autre part, elle doit favoriser un rapprochement endogène où les ivoiriens mesurent avec acuité qu'ils ont la lourde responsabilité de leur propre unité. Car la réconciliation en appelle au principe de la paix véritable de la Côte d'Ivoire. Cette initiative n'est certainement pas une première.

Dans le cadre de la recherche de la cohésion sociale entre la France et l'Allemagne au lendemain de la 2ème guerre mondiale, des acteurs socioculturels ont été sollicités. Leur mission essentielle consistait à valoriser les concepts anciens. Lesquels mettent en avant la nature et la fonction de la société civile ainsi que les relations franco-allemandes. Les particularités géographiques du rapprochement franco-allemand n'ont pas été négligées. L'objectif était simple :

> *«Renouveler la conception des relations culturelles et de la culture, et faire connaître les réalités françaises et allemandes, de tirer les enseignements du passé et de préparer l'avenir. Alfred GROSSER fut l'un de ceux qui inventèrent ce qu'il est désormais convenu d'appeler le "concept de culture élargi" (erweiterter kulturbegriff) la définition du mot culture devait être considérablement élargie.»* [1]

Les conditions actuelles des relations bien froissées entre régions faites d'égoïsmes conduisent à se poser des interrogations quant à l'application effective des alliances. La question de l'alliance est plus qu'un simple sujet de causerie et de plaisanterie. C'est une voie dans la réalisation de la nouvelle civilisation qu'est la nation. L'autre aspect important qui nécessite une observation c'est bien de l'arbre à palabre qui a toujours joué un rôle d'apaisement et d'équilibre dans les villages.

2.4.1.3. L'arbre à palabre

L'arbre à palabre, comme son nom l'indique, peut sembler surprenant et même gênant quand on parle surtout de réconciliation. L'expression "l'arbre à palabre" ne désigne pas une arène de lutte. Cette expression est purement tirée des traditions africaines. Elle se veut être d'abord un lieu de rassemblement au milieu du village, sous un grand arbre. Lequel dont l'ombre est favorable pour le repos de toute personne surtout des personnes âgées exemptées des travaux champêtres. Ensuite, elle est devenue l'environnement propice de communication d'information : de mauvaise ou de bonne attitude des jeunes, de mauvaise ou de bonnes récoltes, nouvelle d'un proche, du village, de mariage, de conflit foncier, des régions environnantes, etc. Enfin, elle s'est recouverte de symbole de paix et de règlement de conflit.

---

[1] DEFRANCE Corine, PFEIL Ulrich (Sous la dir), *Entre guerre froide et intégration européenne, Reconstruction et rapprochement* 1945-1963, (Histoire franco-allemande, n° 10), Villeneuve d'Ascq, Presse Universitaires du Septentrion, 2012, p.168.

Sous l'arbre à palabre, en présence des dignitaires du village, la conviction que l'on peut échanger, convaincre ou accepter un compromis ne fait aucun doute. Pour les enfants c'est l'école du village. Ils sont très attentifs à écouter conter des histoires par les anciens du village. Jasmina SOPOV fait une belle observation de l'Afrique avec son riche patrimoine qu'est l'arbre à palabre. De son observation, elle pèse à juste titre les suggestions des intellectuels africains à la mise en contribution de cette disposition avec la modernité :

> *«Les modalités de la palabre varient, mais le principe reste le même. Qu'elle délibère d'un mariage ou d'une vente, qu'elle règle un différend, qu'elle étudie les circonstances d'un méfait dont il faut trouver le coupable, ou qu'elle décide de la punition de ce dernier, la palabre demeure une de ces institutions démocratiques des sociétés africaines traditionnelles qui, de l'avis d'un grand nombre d'intellectuels africains, pourraient être mises à contribution dans la transition vers la modernité, à condition de s'ouvrir davantage aux femmes.»* [1]

On a parfois tendance à penser que la modernité est la référence et l'expression parfaite de toute vie sociale. Pour l'homme moderne le passé et tout ce qui est traditionnel ne vaut plus la peine. Mais en réalité, il faut plus, car il ne s'agit là que d'une partie de la sphère humaine. L'homme, en l'occurrence l'africain est un tout qui fondamentalement est à la fois plongé dans le passé et dans la modernité. Il est irréductible à une époque. Interdépendant avec sa transcendance (Dieu et ancêtres) et les siens, la tradition reste un patrimoine à préserver. Sous l'arbre à palabre, il n'y a pas que les vivants qui parlent. C'est toute la cosmogonie du village qui est en pleine expression sur une thématique. Certes, une considération est faite aux anciens qui cherchent à démêler les intrigues mais tout se passe sous l'inspiration de la transcendance. L'ex Président Sud-africain Nelson MANDELA[2] révèle dans son autobiographie, le rôle indéniable que les assemblées villageoises ont joué dans son expérience d'homme politique :

> *«L'idée que je me ferais plus tard de la notion de commandement, écrit-il, fut profondément influencée par le spectacle du régent et de sa cour. J'ai observé les réunions tribales qui se tenaient régulièrement à la Grande Demeure et elles m'ont beaucoup appris (...) Tous ceux qui voulaient parler le faisaient. C'était la démocratie sous sa forme la plus pure. Il pouvait y avoir des différences hiérarchiques entre ceux qui*

[1] SOPOV, Jasmina. «Arbres à palabres et systèmes occidentaux.» (UNESCO le courrier à qui profite la science) [en ligne]. Mai 1999, p. 42, Disponible sur «A qui profite la science? - UNESCO Bibliothèque Numérique». [Consulté le 15 décembre 2020].

[2] MANDELA Rolihlahla Nelson est un Sud-Africain, né le 18 juillet 1918 à Mvezo dans la province du Cap. Avocat de profession, il devient le leader historique du parti du Congrès National Africaine (ANC). Il s'oppose au système politique de ségrégation raciale dénommée l'apartheid. Lequel a régné de 1948 à 1994. Pour lutter contre ce régime politique, MANDELA entreprend en 1961 une campagne de sabotage contre les installations publiques et militaires. Une année plus tard, le 5 août 1962 sur indication de la CIA, il est arrêté, jugé et condamné aux travaux forcés à perpétuité. Après vingt-sept années de détention dans des conditions difficiles, il fut libéré le 11 février 1990. En 1994, suite aux élections présidentielles démocratiques Sud-Africaine, il est élu le premier président de race africaine de l'Etat du Sud-Africain de 1994 à 1999. Il meurt le 5 décembre 2013 à Johannesburg à l'âge de quatre vingt quinze (95) ans.

parlaient, mais chacun était écouté (...) En tant que responsable, j'ai toujours suivi les principes que j'ai vus mis en œuvre par le régent à la Grande Demeure.» [1]

L'arbre à palabre constitue le lieu idéal où naissent les décisions relatives au développement du village, la bonne conduite des individus, et le maintien de la paix dans toutes les familles. Au demeurant, il ne suffit plus de balayer du revers de la main la tradition surtout quand il s'agit de grandes questions d'ordre social telles que la réconciliation nationale. Il faut aussi ouvrir des assises dans les villages sous l'arbre à palabre. Sans cette perspective, les efforts et les beaux discours sur l'unité provenant de l'extérieur ou du politique demeureront lettres mortes. Un autre domaine que nous considérons important susceptible de contribuer à pacifier les cœurs et instaurer une réconciliation parfaite se situe au niveau culturel.

2.4.2. Les points d'accès culturels de la réconciliation

De façon approximative la culture pourrait être considérée comme l'ensemble des traits distinctifs spirituels, affectifs et matériels qui caractérisent une société ou un groupe social. On pourrait également retenir un autre aspect de la culture développé par le Pape JEAN-PAUL II, lors de son premier voyage en Afrique précisément au Zaïre (RDC). Il déterminait de manière intrinsèque le lien entre la culture et l'homme :

«Il est à jamais vrai que le chemin de la culture est le chemin de l'homme, et que c'est sur ce chemin que l'homme rencontre l'Unique qui réunit en lui les valeurs de toutes les cultures et révèle pleinement l'homme de chaque culture à lui-même.» [2]

La culture englobe en plus des sciences, les lettres et les arts, les traditions, les croyances et les systèmes de valeurs.[3] Par cette approche, on peut comprendre, que les cultures peuvent disposer des mécanismes de règlement de conflit. Le thème de réconciliation reste un besoin majeur pour chaque ivoirien. A travers un mode sélectif, nous procéderons à l'exploration fonctionnelle de quelques domaines culturels où chacun se sent contraint d'y participer. Trois contextes culturels : les cérémonies traditionnelles, les funérailles, et l'approche de Dieu ou des ancêtres nous sembleraient incontournables pour exhorter à la réconciliation.

2.4.2.1. Les cérémonies traditionnelles

En Côte d'Ivoire, chaque tribu a ses cérémonies traditionnelles. Parfois, des similitudes se présentent d'une tribu à une autre. Toutefois, en raison de la spécificité des pratiques ancestrales, des dissimilitudes sont nettement perçues. A travers certaines tribus, nous voudrions observer quelques cérémonies

---

[1] SOPOV Jasmina, « Arbres à palabres et systèmes occidentaux». (UNESCO le courrier à qui profite la science) [en ligne], p.42.

[2] POUPARD Paul (Sous la dir), *Dictionnaire des religions*, Paris, Presses Universitaires de France, 1984, p. 353.

[3] *Dictionnaire le petit Larousse, Grand format en couleurs*, Paris, Larousse-Bordas, 1998, nouvelle éd. p. 289. Col.3.

traditionnelles. Ceci, pour découvrir en quoi elles peuvent contribuer à résoudre leurs différends quand elles surviennent ou à préserver leur unité.

2.4.2.2.   Les tribus [1]

Nous avons mentionné dans la première partie de notre mémoire, les différents groupes ethniques de la Côte d'Ivoire : Akan ; Krou ; Mandé et Gour.[2] Dans cette étape, nous voudrions mettre en évidence quelques-unes. Elles nous aideraient à analyser certaines cérémonies traditionnelles capables de redynamiser ou de renouer l'unité sociale. Dans le groupe des Akan nous évoquerons trois catégories de tribus en rapport avec leurs cérémonies. D'abord, nous avons : Abidji, Abbey, Baoulé et Agni avec leur fête d'ignames. Ensuite, les tribus : Adjoukrou, Attié, Ebrié, Abouré, avec leur fête de génération. Enfin, la tribu N'zima avec sa dance nommée ¨abissa¨. Du groupe des Mandé du Nord, la tribu sénoufo avec sa pratique ancestrale appelée le ¨pôro¨ retiendra notre attention. Quant aux Mandé du Sud et les Krou, les cérémonies à l'occasion de la sortie des masques constitueront notre centre d'intérêt. Ces cérémonies sont d'authentiques symboles de la réconciliation.

2.4.2.3.   Les symboles de la réconciliation

Dans l'univers culturel et traditionnel des peuples de la Côte d'Ivoire, il nous paraît plus évident que trois cérémonies pourraient retenir l'attention de tous. Elles témoignent du potentiel et du brassage des peuples aux us et coutumes légués par les ancêtres. En ce contexte de dislocation de l'unité nationale, nous estimons que les fêtes des ignames, les sorties et les danses des masques, et la danse ¨abissa¨, sont des cérémonies traditionnelles à prendre en considération. En effet, elles jouent le rôle de purification et d'unité de la tribu. Nous voudrions présenter ces symboles de la réconciliation qui ne laissent presque personne indifférente. Voyons en premier les cérémonies de la fête des ignames.

2.4.2.4.   Les fêtes d'igname [3]

Les régions de l'Est, du Centre et du Sud de la Côte d'Ivoire célèbrent pour certaines la fête des ignames. Si chaque ethnie de ces régions garde sa spécificité, il faut dire que le rituel relativement est le même. Mais le sens du rituel se rapporte à l'évènement fondateur de la tribu. Chaque année, le centre d'intérêt peut aussi se focaliser sur une préoccupation majeure de la communauté.

Chez les Abbey, par exemple, la célébration de cette fête annuelle de ¨Miripôh¨[4] (repas d'igname) est le mémorial qui les rappelle qu'à une époque de disette sévère, grâce à l'Igname, ils ont eu la vie sauve.[5] Pour un des élus locaux,

---

[1] RESEAU IVOIRE. La référence de l'internet de la Côte d'Ivoire. Les Groupes ethniques [en ligne]. Disponible sur «http://www.rezoivoire.net/ivoire/ressources/288/les-groupes-ethniques.html». [Consulté le 12 mars 2021].

[2] Regard anthropologique et religieuse sur la population «Les ethnies».

[3] Réseau Ivoire. La référence internet de la Côte d'Ivoire. Historique de la fête des ignames chez les Agni de l'indénian [en ligne]. Disponible sur «https://rezoivoire.net/ivoire/patrimoine/2903/historique-de-la-fete-des-ignames-chez-les-agni-ndenian.html#.YEzRn1VKjIU». [Consulté le 13 mars 2021].

[4] *Ibidem*, (consulté le 13 mars 2021].

[5] *Ibidem*.

notamment le Maire ASSAMOI Tetchi Claude *«La fête des ignames (...) signifie fête de purification. Ces trois jours de festivités marquent la fin d'une année et le début d'une autre symbolisant la renaissance.»* [1] Il en est de même chez les Abidji.[2] En revanche, chez les Baoulé, l'"ananipôh" (repas d'igname), qui tire son origine dans les pratiques ancestrales, se veut une belle occasion de réjouissance pour signifier les nouvelles récoltes d'ignames. Pour les Agni, la célébration de la fête des ignames bien que liée à la parade annuelle du roi de l'"indénié", elle tire aussi son origine dans la réalité mythique des ancêtres. [3]

A l'opposé de la fête des ignames, les fêtes de générations ont une importance capitale. Elles sont une caractéristique de plusieurs peuples comme les Adjoukrou, les Attié, les Ebriés et les Abouré.[4] Elles *«Confèrent une identité sociale et atteste de la maturité du jeune qui passe de l'enfance à l'âge adulte. C'est le fondement de la vie sociale, politique, économique et guerrière dans le respect des normes et des valeurs.»* [5] Le rituel, fortement enraciné dans le passé mythique, donne une allure de manifestation de force exceptionnelle qui indique que des individus matures sont disposés à se mettre au service du village.

Chez les Abouré de Grand-Bassam, situé au Sud d'Abidjan, la danse "Abissa" : *«Est une danse sacrée qui dure une semaine entière. Elle est destinée à consolider les liens entre les vivant et les morts, mais également à renouveler l'alliance du peuple N'zima avec "Afoantchè", génie ayant transmis cette danse au peuple.»*[6] Elle est l'une des fêtes traditionnelles couvertes par une propagande médiatique extrême. Elle est une occasion importante de rencontre entre les filles et fils de la tribu N'zima.[7] Chaque année, au mois d'octobre et pendant une semaine, tous les tabous sont brisés. Tout est permis. La population danse devant les tam-tams et les autorités coutumières établies. Elle les critique et soumette également leurs doléances. Les autorités coutumières en retour exhortent la population à plus de vigilance sur des sujets d'intérêt général. Pour le peuple N'zima : *«Cette tradition de réjouissance se déroule chaque année dans le plus grand respect des valeurs ancestrales et marque le début de la nouvelle année. C'est pour eux l'occasion de se repentir, de pardonner et de prier les dieux pour une nouvelle année douce et prospère.»* [8]

---

[1] RESEAU IVOIRE. La référence de l'internet de la Côte d'Ivoire. Les Groupes ethniques [en ligne]. Disponible sur «http://www.rezoivoire.net/ivoire/ressources/288/les-groupes-ethniques.html». [Consulté le 12 mars 2021].

[2] *Ibidem.*

[3] *Réseau Ivoire. La référence internet de la Côte d'Ivoire. Historique de la fête des ignames chez les Agni* de l'indénian [en ligne]. *Ibid.*

[4] les Adjoukrou, les Attié, les Ebrié, les Abouré sont membres de groupe Akan. Ces différents peuples sont situés dans le Sud de la Côte d'Ivoire en proximité d'Abidjan la capitale administrative.

[5] Reseau Ivoire. La référence de l'internet. Le Lôw Fête de génération Adjoukrou [en ligne]. Disponible sur «https://rezoivoire.net/ivoire/patrimoine/959/low-fete-de-generation-adjoukrou.html#.YEzlXFVKjIU». [Consulté le 13 mars 2021].

[6] Culture. Grand-Bassam : l'Abissa ou le nouvel an pour le peuple N'Zima Kotoko [en ligne]. Disponible sur «https://www.fratmat.info/article/70195/63/grand-bassam-l-abissa-ou-le-nouvel-an-pour-le-peuple-n-zima-kotoko». [Consulté le 13 mars 2021].

[7] Les N'Zima est un peuple du groupe Akan de la Côte d'Ivoire. Ils sont situés dans le département administratif de la ville de Grand-Bassam au Sud d'Abidjan, la Capitale administrative de la Côte d'Ivoire.

[8] Actualité. L'Abissa un évènement immanquable aux origines mystiques[en ligne].

L'allure carnavalesque que prend cette cérémonie attire de nombreux touristes et de nombreux ressortissants de toutes les tribus de la Côte d' Ivoire. Qu'en est-il du contexte culturel des Mandé du Sud et des Krou, notamment de la sortie des masques ?

2.4.2.5. La sortie des masques

Le masque est une autre particularité chez les ivoiriens notamment ceux de l'Ouest du pays (les Mandé et les Krou). Dans cette contrée, nous voulons nous limiter à deux cas chez les Yacouba et les Toura. Les deux peuples ont pratiquement la même culture. Les Yacouba, les Toura et bien autres ont une grande considération pour les masques.

Le masque a toujours eu une place importante dans leur organisation sociale. Contrairement aux rituels des fêtes d'ignames en pays Akan, ceux de l'Ouest vont au-delà. Pour eux, la commémoration de la fête des ignames a pour apothéose la sortie des masques.[1] Situé au centre de leur organisation sociale, tous les esprits sont tournés vers lui et il symbolise l'équilibre social. Régulateur des rapports entre les individus, le masque intervient à tout moment pour rétablir la réconciliation, la paix chaque fois que l'unité sociale est brisée. Il suffirait de reprendre les qualités du masque dan telles que formulées par le sociologue universitaire Daouda GBA pour apprécier son importance :

> *«Le masque a, de tout temps, été l'élément central et le plus important facteur de réconciliation, de cohésion sociale et de paix - sur le plan culturel ce dernier est dépositaire du savoir, guide, éducateur et protecteur de la société humaine. Ainsi l'une des stratégies «efficaces» utilisées par les masques dan pour réconcilier deux entités belligérantes, consiste à aller, après un jugement au-delà du verdict, pour rétablir entre elles, une relation gagnant-gagnant. Dans cette stratégie, le masque lie les parties belligérantes par des pactes de non-agression et les alliances qui unissent leurs ancêtres. «L'évocation de ces liens ancestraux amène toujours les parties belligérantes à accepter le pardon, à fraterniser dans l'amour, à accepter de porter le rameau et de se badigeonner le corps avec du kaolin, toutes choses qui constituent, en pays dan, des signes de vraie paix.»* [2]

L'implication du masque dans le processus de la réconciliation semble plus intéressante. Certes, le règlement de conflit, le plus souvent, aboutit toujours quand les médiateurs sont des personnes influentes. Parfois, rien ne rassure que les protagonistes ont réellement enterré la hache de guerre. Il n'est pas un secret pour tous qu'après un verdict, la partie lésée reste en position de vengeance. Chez les

---

Disponible sur «https://hotel-oceanetlagune.com/labissa-un-evenement-immanquable-aux-origines-mystiques/». [Consulté le 13 mars 2021].

[1] Culture. Masques et rythmes traditionnels : la première édition s'est achevée le 21 avril [en ligne]. Disponible sur «https://www.fratmat.info/article/89803/63/masques-et-rythmes-traditionnels-la-1ere-edition-de-l-evenement-s-est-achevee-le-21-avril». [Consulté le 13 mars 2021].

[2] Culture. Le masque Dan, facteur de réconciliation et de cohésion sociale[en ligne]. 05 décembre 2018. Disponible sur «Le masque Dan, facteur de réconciliation et de cohésion sociale - Atoo.ci». [Consulté le 17 décembre 2020].

peuples Yakouba et Toura[1], l'implication du masque et l'évocation des mânes conditionnent la réconciliation parfaite scellée sur le pacte de fraternité définitive. Outre ce symbole de réconciliation, le peuple Sénoufo garde une valeur ancestrale fondée sur le ¨pôro¨ une fête atypique mais aussi attirante.

2.4.2.6. La cérémonie du ¨pôro¨ [2]

Le peuple Gour, situé dans le Nord de la Côte d'Ivoire, est dominé par les Sénoufo. Ils célèbrent le ¨Pôrô¨. Plus qu'une fête, le ¨Pôro¨ constitue l'apothéose d'une longue période rude d'initiation dans les bois sacrés. Cette cérémonie, avec son caractère mystique, permet aux jeunes gens de transiter de l'état primitif à l'état d'homme accompli. Les initiés reçoivent une formation qui fait d'eux des hommes de grande probité. La raison d'être de cette initiation se trouve dans la légende traditionnelle :

> *«La tradition explique que pour éviter le chaos de l'univers provoqués par les ¨inachevés¨ (enfant risquant d'introduire le désordre), les maladies, les sorciers et leur forces néfastes, Dieu délégua de son pouvoir d'organisateur à un être surnaturel, surnommé ¨cinzanga¨ (La vielle mère) plus attentive aux malheur des hommes.»* [3]

Sans le ¨Pôro¨, l'homme Sénoufo reste donc inachevé et devient un potentiel danger pour lui-même et pour la société. Le processus de l'initiation de la femme s'arrête dès l'âge de la puberté pour reprendre à l'âge de la ménopause.[4] Dans plusieurs localités des spectacles de danses traditionnelles sont organisées pour égailler les touristes. Le ¨ Pôro¨ pourrait-on dire a toujours été un facteur d'unité et d'équilibre social.

Notre observation au travers de ces différents phénomènes des grands moments de réjouissance populaire nous amène à découvrir des voies de réconciliations rapides et rassurantes. Chaque tradition dispose ses moyens nécessaires pour redorer son tissu social. Les différents groupes ethniques de la Côte d'Ivoire sont convaincus au regard de leur tradition que le développement, la prospérité, la réussite, la promotion, la santé, la fécondité, etc., ne peuvent se réaliser seulement dans un climat apaisé. En revanche, dans la vie des individus, qui sont en permanence en conflit avec leur entourage, c'est la déchéance à tous les niveaux. Se réconcilier chez tous les peuples de la Côte d'Ivoire est une nécessité mais surtout une exigence qu'il faut opérer pour amorcer l'ascension en toute chose.

La plupart des cérémonies traditionnelles dans tout le pays inaugure une nouvelle année. Elle est une occasion de réjouissance populaire. Les membres des

---

[1] Yakouba et Toura sont deux peuples situés dans l'Ouest de la Côte d'Ivoire.

[2] RESEAU IVOIRE. *La référence de l'internet de la Côte d'Ivoire. Le ¨Pôro¨ des Sénoufos* [en ligne]. Disponible sur «https://rezoivoire.net/ivoire/patrimoine/862/le-poro-des-senoufos.html#.YE52xlVKjIU». [Consulté le 14 mars 2021].

[3] *Ibidem.*

[4] La Croix Africa. Le site de l'actualité religieuse. Cultes traditionnels africains : le *¨pôro¨* [en ligne]. Disponible sur «https://africa.la-croix.com/cultes-traditionnels-africains%E2%80%89-le-poro/». [Consulté le 14 mars 2021].

familles se retrouvent, se parlent et s'échangent des nouvelles. Là où il y a des querelles, la veille ou très tôt le matin, les réconciliations sont faites afin de redynamiser l'unité de la famille et la faire rayonner dans le village et ailleurs. Au-delà de l'aspect festif, c'est le renforcement de l'unité du village qui est l'enjeu important. A l'instar de chaque famille, les autorités traditionnelles restent préoccupées à l'unité du village. Les familles en conflits sont réconciliées pour espérer voir une nouvelle année prospère et providentielle pour tous. On préconise que ces actions de réconciliations parfaites locales soient étendues à l'échelle nationale. La question de la fracture sociale est réellement posée dans chaque localité. Les moyens et stratégies énumérés à titre d'exemple et bien d'autres aussi paraissent appropriés. La préoccupation qui demeure est de savoir comment les mettre en contribution pour colmater la brèche sociale et endiguer ses effets dévastateurs ?

Outre les aspects traditionnels festifs qui favorisent bien les réconciliations locales, il y a un autre aussi avantageux. C'est les funérailles. Bien qu'elles soient tristes, elles ne sauraient laisser personne indifférente. Pour nous, elles semblent une bonne perche pour renforcer l'unité sociale.

2.4.2.7.   Les cérémonies funéraires

La conception cyclique du temps peut permettre de concevoir la mort autrement et de célébrer les funérailles en conséquence. Louis Vincent THOMAS découvre la mort chez les africains, comme une interruption provisoire de l'existence et affirme que :

> *«Le culte des ancêtres immortels, la croyance en la réincarnation, la certitude que la mort n'est jamais une destruction intégrale ou définitive, l'initiation qui est avant tout renaissance collective et symbolique, n'ont pas d'autre sens que de célébrer la vie et de relativiser la mort.»* [1]

Partant de cette perception de L. THOMAS, les funérailles également constituent un cadre idéal de consolidation fraternelle. Elles incarnent les rapports entretenus entre les villageois. Les citadins retournent au bercail pour honorer dans un rite funéraire leur proche défunt. Cette célébration témoigne non seulement la pratique des ancêtres mais rassure que par elle le défunt rejoint leur lignée. Ne dit-on pas *que la terre de tes ancêtres te soit légère* ? Cette expression pour notre part signifierait que le défunt n'erre pas dans le néant mais retrouve les siens. L'action concertée des vivants et la communion de chaque individu avec le défunt facilite son ''ascension'' vers sa transcendance. L'enterrement a lieu lorsque toutes les discordes en lien soit avec le défunt soit au sein de la famille endeuillée ou avec toute autre personne ont été résolues. Malgré le désarroi et la douleur qu'entraine la mort, les funérailles sont des instants exceptionnels de grandes communions pour la plupart des peuples d'Afrique.

A propos, on pourrait nous fixer sur les funérailles chez les Abidji, qui nous semblent mieux explicite. Notre choix résulte simplement du fait que nous nous

---

[1] THOMAS Louis-Vincent, *Cinq essais sur la mort Africaine*, Paris, Karthala, 2013, nouvelle éd. p. 10.

sentons plus à l'aise et familier pour décrire leur pratique funéraire. Ce peuple conçoit la mort comme un voyage. Un phénomène par lequel s'opère le passage d'un monde à un autre, d'un mode d'existence à un autre. C'est un voyage comme celui de l'initiation pour renaître à un état nouveau plus élevé pour parler de l'accroissement comme le P. TEMPELS.[1]

Pour le peuple abidji, le vivant doit aspirer à l'accroissement de son être par tant d'actions louables durant sa vie. Si la mort venait à le surprendre, les funérailles constitueraient le cadre idéal pour son accomplissement avant de rejoindre dignement la lignée des ancêtres. Tout défunt chez les Abidji est appelé ''Kpan'' qui veut dire l'homme (l'accompli), le prototype de l'être sans tâche, l'immaculé. C'est tout le sens que peut avoir l'organisation des funérailles grandioses que chaque individu de la région est tenu de participer. La mort est un voyage dans toutes cultures africaines. MUJYNYA E[2] emploie pour sa part l'expression de ''partir''[3].

Pour ce voyage lointain, on offre au mort (Kpan) des bagages pour lui et pour d'autres devanciers. On donne également des consignes, des commissions. A l'enterrement, on ne dira pas repose en paix, mais plutôt bon voyage (*atigbré ni la bé*) comme on le souhaite à tout vivant en instance de voyager. La conception de la mort et la compréhension des funérailles du peuple abidji rejoint l'explication et le sens que donne MUJYNYA Edmond lorsqu'il dit : *«Ces expériences renforcent celles des africains sur la coexistence des vivants et des morts. Les liens de parenté ne sont jamais brisés par la mort. L'être humain, du moins celui qui a bien vécu sa vie n'est jamais mort, il est seulement parti.»* [4]

La participation de tous et l'ampleur festive des funérailles apparemment révèlent que tous sont en harmonie. A cet effet, il n'est pas prétentieux de dire que les funérailles expriment la communion des vivants et des morts. Les funérailles grandioses célèbrent la communion, dissipent toute rancœur et toute méfiance entre les vivants. Néanmoins, les interrogations portées, sur la situation économique parfois précaire des familles éplorées et le besoin de célébrer avec faste les funérailles, restent une pertinente préoccupation. Pour réussir ce défi, nous estimons qu'il est du devoir des organisateurs des funérailles de bien s'instruire de ces deux paramètres. Notre intérêt vis-à-vis de cet aspect se situe au niveau de la satisfaction de tous. En toute circonstance, aucun évènement joyeux ne doit occasionner des

---

[1] TEMPELS Placide. *La philosophie Bantoue,* Paris, Présence Africaine, 1965, 3e éd. traduit du néerlandais par A. RUBBENS. «Placide TEMPELS, né le 18 février 1906 à Berlaar (Belgique) et y décédé le 9 octobre 1977, à Hasselt est un prêtre franciscain Belge, missionnaire en Afrique centrale et ethno-philosophe : il est connu surtout pour son livre *La philosophie bantoue».* Wikipédia l'encyclopédie libre. Placide TEMPELS [en ligne]. Disponible sur «https://fr.wikipedia.org/wiki/Placide_Tempels.» [Consulté le 15 mars 2021].
[2] MUJYNYA Edmond est originaire de la République du Zaïre actuel République Démocratique du Congo (RDC). Il a défendu sa thèse à la faculté des lettres de l'université de Fribourg (Suisse), pour obtenir le grade de docteur. Sur le thème : L'homme dans l'univers «des» Bantu. Il est auteur de plusieurs œuvres sur la philosophie Bantu. Ici nous présentons quelques unes : *Le mal et le fondement dernier de la morale chez les Bantu interlacustres* ; Le mystère de la mort dans le monde bantu ; *La théorie du "Ntu" ou la théorie de la nature des êtres: les lois de l'univers ;*
[3] MUJYNYA Edmond, *Le mystère de la mort dans le monde Bantoue,* dans cahier des religions Africaines, n° Vol 11, n° 21, p. 212.
[4] *Ibidem,* p. 212.

rancœurs. La mention des ancêtres dans la cérémonie des funérailles, nous incite à nous interroger comment peuvent-ils influencer les vivants à se réconcilier ?

2.4.2.8. *Le rapport des vivants avec les ancêtres*

Il est d'aventure périlleuse de se donner une réflexion où la notion d'ancêtres reste fortement subjective. De ce fait, faudrait-il affirmer que la question d'ancêtre se repose apparemment sur des superstitions ? Il n'est pas surprenant de voir que, malgré l'influence de la modernité, des générations successives sont restées fidèles à leur mode de vie. Pourquoi n'ont-elles pas l'intention de remettent en cause leur croyance des morts ?

La réponse se trouve dans leur conception du monde : «*Le monde négro-africain, écrit Memel FOTE, se présente idéologiquement comme une conception générale de l'univers, de la vie et de l'homme, une totalité cohérente qui continue d'informer l'âme et le comportement des peuples.*»[1]

A partir de cet éclairage de M. FOTE,[2] il n'est vraiment plus surprenant d'affirmer qu'en Afrique, dans toutes les cultures et dans toutes les cérémonies traditionnelles, les ancêtres tiennent une place importante. Dans tous les domaines d'activités humaines, leur rôle reste incontournable. Ils sont sollicités pendant les libations, quand il s'agit de cultiver un champ, de construire une maison, de doter, de divorcer, d'initiation des jeunes, d'intronisation, de guérison, de puberté, de réconciliation, de purification, etc. Il est : «*supposé que les morts exercent une véritable emprise sur les vivants.*»[3]

Pour les vivants, les ancêtres et les esprits sont les véritables instigateurs de leur réussite et de leur malheur. Chaque fois qu'un principe est transgressé, la colère des ancêtres se manifeste par des signes de malédiction. Le contraire occasionne des bénédictions au profit des individus ou de toute la communauté. Aucune œuvre ne se réalise sans le recours des ancêtres. Les cérémonies cultuelles et rituelles visent à

---

[1] GADOU, Dakouri. La préservation de la biodiversité : Les réponses de la Tradition Religieuse Africaine. Vol. 8 n° 2. Septembre 2001. p. 181 [en ligne].
Disponible sur «file:///C:/Users/Charlemagne%20Cl%C3%A9tus/Downloads/23109-Article%20Text-50087-1-10-20040623.pdf». [Consulté le 15 mars 2021].
GADOU Dakouri est ivoirien originaire de la ville de Lakota situé dans la région du centre de la Côte d'Ivoire. Il est enseignant-chercheur et maître-assistant, à l'université de Cocody-Abidjan. Spécialiste d'Anthropologie de la Religion et du symbolique, de la santé et de la maladie [En ligne]. Le 16 juin 2012. Disponible sur «https://ivoirecritique.blog4ever.com/rencontre-avec-gadou-dakouri-auteur-de-la-sorcellerie-une-realite-vivante-en-afrique#:~:text=Je%20m'appelle%20GADOU%20Dakouri,sant%C3%A9%20et%20de%20la%20maladie. [Consulté le 15 mars 2021].
[2] MEMEL FOTE. Il est né le 1er janvier 1930 à Mopoyem village de la Sous-préfecture de Dabou au Sud de la Côte d'Ivoire. Il est mort le 11mai 2008 à Abidjan il est un anthropologue ivoirien. «Professeur à l'université de Côte d'Ivoire, il est connu pour une thèse monumentale sur ¨*L'esclavage dans les sociétés lignagères de la forêt ivoirienne, XVIIe –XX siècle*¨, publiée seulement en 2007. Il a été l'un des membres fondateur de l'institut d'ethnosociologie d'Abidjan.»[en ligne]. Wikipédia. L'encyclopédie libre. Disponible sur «https://fr.wikipedia.org/wiki/Harris_Memel-Fot%C3%AA». [Consulté le 15 mars 2021].
[3] BONHOMME Julien. «*Postface. Les morts ne sont pas morts*», dans Michèle CROS et Julien BONHOMME (éds.), Déjouer la mort en Afrique, Paris, L'Harmattan, 2008, p. 4.

entrer en relation avec les ancêtres par les prières, les offrandes, les sacrifices, les transes, les danses, etc.

Par exemple, en rapport avec la crise ivoirienne, il serait inapproprié de minimiser les trois mille (3000) morts et plus, les villages incendiés, les femmes enceintes éventrées, les viols, les enrôlements forcés des mineurs, les pillages des biens familiaux, les sacrifices humains, etc. Tous ces crimes et d'actes sans scrupules, dans la conscience de l'homme africain en général et de l'ivoirien en particulier sont des atteintes graves à l'ordre cosmique en premier, avant de porter un regard simplifié sur la souffrance humaine. La réparation ne peut exclure aucune entité de l'univers cosmique africain. C'est pourquoi, dans la recherche de l'unité, un accent fort peut être porté sur les ancêtres dans chaque localité. Il n'est pas superfétatoire de se connecter à un point où chacun peut rencontrer l'autre pour de vrai et avoir un peu d'égard et de retenu.

Le Pape PAUL VI, dans la déclaration sur les relations de l'Eglise avec les religions non chrétiennes (*Nostra Aetate*) ne réfute pas la présence des forces cachées qui pénètre la vie des individus :

> *«Depuis les temps les plus reculés jusqu'à aujourd'hui, on trouve dans les différents peuples une certaine perception de cette force cachée qui est présente au cours des choses et aux événements de la vie humaine, parfois même une reconnaissance de la Divinité suprême, ou même d'un Père. Cette perception et cette reconnaissance pénètrent leur vie d'un profond sens religieux.»*[1]

Cette attention de l'Eglise vis-à-vis des réalités des peuples peut aider à reconsidérer ou avoir un crédit de bienveillance aux pratiques ancestrales qui ne sont pas négatives en soi et à l'idéal du christianisme. En effet, œuvrer pour la restructuration de l'unité de tout un peuple par le recours des ancêtres est une entreprise révolutionnaire.

Longtemps, l'africain en général et l'ivoirien en particulier a appris à se nier, à renier sa dignité en optant pour des méthodes et des pratiques dans lesquels il s'y retrouve très peu. C'est dans ce parallèle que Jacob MEDEWALE évoque la reconquête de la personnalité, en insistant sur une libération qu'il faut opérer au moyen d'une révolution culturelle. Pour lui, celui-ci devient une nécessité afin de redonner au peuple d'Afrique l'âme dont on l'a trop longtemps privée. [2]

S'il est question de libération, c'est que notre état actuel implique domination, aliénation, dépersonnalisation et déculturation d'une part, et d'autre part, la volonté inaliénable d'émancipation et de libération. Celle-ci est qualifiée de culturelle parce que la liberté restera toujours formelle dans le contexte qui est le nôtre, tant que règneront l'ignorance, l'inculture, tant que subsistera et s'approfondira le retard d'observation profonde de nos acquis ancestraux, des

---

[1] PAUL VI, *Nostra Aetate,* n° 2, [en ligne]. Disponible sur «Nostra aetate (vatican.va)». [Consulté le 20 décembre 2020].

[2] MEDEWALE Agossou Jacob, *Christianisme africain. Une fraternité au-delà de l'ethnie,* Paris, Karthala, 1987, p. 124-125.

actions comme la réconciliation resteront superficielles. Elles seront déniées de charité, d'amour et de fraternité, si pour de vrai, elles ne se reposent pas sur des fondements qui sont les nôtres. Le but de cette entreprise consiste aussi le recours d'un type d'africain renouvelé, totalement désaliéné, prêt à participer à la révolution des esprits en organisant des campagnes de présentation des richesses culturelles.

Etant donné que la conscience de l'ivoirien ne peut se défaire radicalement de son attention des ancêtres, pourquoi ne pas leur vouer de l'importance dans le processus de la réconciliation ? Personne n'est sans ancêtre. Nous sommes, en face d'un nouvel africanisme qui marque la négritude,[1] courants d'authenticité pour ce qui est d'une stratégie qui veut concilier concrètement personnalité culturelle et promotion humaine.

Tous ces points d'accès socioculturels nous semblent d'un grand secours pour entreprendre la réconciliation comme un impératif pour amorcer le développement et la promotion humaine. Mais tout cela, semble insuffisant si on ne s'interrogeait pas sur sa pertinence quant au mode d'assumer ou d'intégrer des exigences éthiques indispensables à la réconciliation authentique. Dans cette perspective, la démarche humaine de la repentance de Bernard SESBOUË semble constituer une voie de recours non négligeable. En effet, elle prend en compte l'attitude de l'offensé et de l'offenseur.

2.5. Réflexion à partir de la démarche humaine de la repentance chez Bernard SESBOÜE[2]

Bernard SESBOÜE[3] est un théologien. La dogmatique et la patristique constituent son baudrier. Il s'investit à trouver des sens aux préoccupations chrétiennes contextuelles de manière synchronique, à partir des perspectives historiques. Il est auteur de nombreux ouvrages parmi lesquels, nous retenons pour cette étude : *Invitation à croire. Des sacrements crédibles et désirables.*

Dans cette œuvre, il redonne aux fidèles chrétiens, le goût et l'envie des sacrements qui, ces dernières décennies, présentent un sentiment de réelle désaffection. Sa perspective anthropologique de repentance nous laisse entrevoir un processus éthique rassurant pour atteindre notre objectif. Chaque détail de ce

---

[1] «Depuis les années 30-35 jusqu'aux indépendances, le mot-clé de notre révolution est la négritude révolution…Elle développe ses intentions dans le double registre du rejet et de l'affirmation : rejet de la culture oppressante et affirmation de l'ensemble des valeurs culturelles, philosophiques, morales, religieuses de l'homme noir». MEDEWALE A Jacob. *Christianisme africain. Une fraternité au-delà de l'ethnie. Ibidem,* p. 125.

[2] SESBOÜE Bernard, *Invitation à croire. Des sacrements crédibles et désirables*, Paris, Cerf, 2009, 353 p.

[3] SESBOÜE Bernard est de nationalité française. Il est né en 1929 à La Suze-sur-Sarthe. Ordonné prêtre en septembre 1960 à Saint-Leu-D'esserent, il est membre de la communauté des jésuites. Après ses études de théologie, il obtient un doctorat en théologie à la suite de sa thèse portée sur *Basile de Césarée*. Sa spécialité se porte sur l'œcuménisme. Après avoir enseigné à la faculté de théologie centre Sèvres de Paris, il bénéficie du titre de professeur émérite. Sa grande connaissance en matière de théologie lui a permis d'être membre de la commission théologique internationale. Il est auteur d'une quarantaine d'ouvrages, dont le toute dernier est : *Comprendre l'Eucharistie*, Salvator 2020. 186 p. Wikipédia.
L'encyclopédie libre. Bernard SESBOÜE [en ligne].
 Disponible sur «https://fr.wikipedia.org/wiki/Bernard_Sesbo%C3%BC%C3%A9». [Consulté le 15 mars 2021].

processus constitue une pièce maîtresse non négligeable sans quoi la réconciliation peut paraitre une simulation pour se faire une bonne conscience auprès de l'opinion publique. Pour ce théologien, l'offenseur et l'offensé s'obligent en tant que responsables devant leur conscience à une conduite humaine pour aboutir pleinement à la réconciliation.

La question de la réconciliation appréciée sous l'angle des relations interpersonnelles nous conduira à une lecture thématique. Pour cet auteur, il existe certaines attitudes majeures qui participent à la réconciliation. A notre avis, cette sélection pourrait se reposer sur deux raisons essentielles. D'une part, elles se justifient par l'appartenance des individus au corps social. Un corps auquel, ils ne peuvent s'ostraciser. D'autre part, pour le simple fait qu'elles permettent à chacun de réintégrer harmonieusement à leur corps social. Nous voulons tenter d'appréhender ces thèmes à partir de la démarche de SESBOÜE afin de percevoir leur importance. Dans la mesure du possible, nous nous limiterons à mentionner ce qui semble nouveau d'un point à l'autre, afin de mieux progresser dans la compréhension et éviter les répétitions.

2.5.1. La conduite humaine de l'offenseur [1]

L'offenseur devant ses propres responsabilités doit agir en conséquence. Cette action dérive de sa position comme membre de la société obligé d'agir en bien pour mériter de la considération de la part des autres. SESBOÜE trouve cela comme un acte spécifique à l'humain et détermine que : *«Tout homme, pour être digne de ce nom, doit se comporter dans la société de manière à reconnaître ses torts.»*[2] La conduite humaine de l'offenseur s'effectue dans une démarche de maturation qui entre dans un cadre de processus responsable : le temps de comprendre les actes, la description et la définition de la faute, et le coup de foudre de la repentance.

2.5.1.1. Le temps pour comprendre les actes[3]

Le temps est une valeur suprême pour la réalisation harmonieuse de toute chose. Rien de grand, de beau et de durable ne peut se faire sans le maximum de temps. La notion du temps est très complexe. Saint Augustin s'est permis d'être réservé, quand il lui fallait définir le temps :

> *«Ce mot, quand nous le prononçons, nous en avons, à coup sûr, l'intelligence et de même quand nous l'entendons prononcer par d'autres. Qu'est-ce donc que le temps ? Si personne ne m'interroge, je le sais ; si je veux répondre à cette demande, je l'ignore.»* [4]

Dans le cadre actuel, faudrait-il l'appréhender comme une propriété de l'univers ou une construction de l'intelligence humaine ? A quoi faut-il s'en tenir quand on parle de temps ? Le temps se comprend dans les concepts grecs de *kairos*

---

[1] SESBOÜE Bernard, *Invitation à croire. Des sacrements crédibles et désirables. Op. Cit.,* 185.

[2] *Ibidem,* p. 187.

[3] *Ibidem,* p. 185.

[4] Saint AUGUSTIN. *Les confession*, Livre XI, L'être du temps et la mesure. Il est difficile de définir le temps, 14, 17[en ligne]. Disponible sur «Saint Augustin - Les Confessions - Livre 11 (augustinus.it)». [Consulté le 26 décembre 2020].

et *chronos* selon ce qu'il veut exprimer. *Chronos* exprime le temps gradué en termes (de jours, d'heures, de dates…). Cependant, *kairos* se veut être l'opportunité, le moment de réalisation ou d'accomplissement de quelque chose. C'est ce second terme qui sera l'indicateur approprié de notre réflexion. Le temps *kairos* est le moment où Dieu réalise son dessein de création de toute chose. Nous pouvons aussi comprendre ce temps de Dieu lorsque l'évangéliste Matthieu dit : *«Le temps est accompli et le royaume de Dieu est proche »* (Mt 1, 15). Pour comprendre la gravité de sa conduite, l'offenseur a besoin du temps. Le temps qui s'écoule entre le début de son impair et l'illumination des détails de son acte est déterminant. C'est une période de révolution qui ouvre les ¨yeux de l'intérieur¨ pour rendre conscient l'inconscient.

L'offenseur, avec le temps, certainement se sait bon mais comment est-il arrivé à accomplir cette bassesse ? C'est avec le temps, qu'il se met dans une situation de questionnement. Une première étape, qui montre que le temps facilite l'adoucissement des tensions, les pulsions, les passions (colère, vengeance, envie, etc.). Le temps peut être assimilé à ¨un conseiller¨ très discret et moins bavard, qui agit seulement au moment opportun. Pour notre auteur, c'est avec le temps que trois actes humains fondamentaux peuvent enclencher le processus de repentance (le retournement, l'aveu par la parole, le changement concret de conduite).

Dans le contexte de la Côte d'Ivoire, le temps s'est écoulé. Des premiers évènements malheureux de 1999, jusqu'aux élections de 2015, le temps semble suffisant. Chacun en son être conscient découvre ce qu'il ne devrait pas faire. Mais aussi, chaque fautif devrait avoir le courage d'entreprendre la démarche humaine de repentance. A l'évidence, le contexte semble peu préoccupant. Pourtant, il est tout aussi absurde de croire que cette crise est du passé. Qu'il faille simplement tourner la page pour une nouvelle histoire sans permettre aux offenseurs de se soulager de leur conduite morbide. On n'est pas dans un environnement de rêverie. Mais dans une histoire réelle où chaque acte du passé est déterminant pour l'avenir.

Il n'y a pas un temps de crise passé et un autre paisible. Certes, pour de nombreuses personnes, la société actuelle est comme une entité endormie, mais dans le cadre de la Côte d'Ivoire, le temps est ce kairos où les évènements restent enchainés pour de vrai et pour toujours. A tout jamais, un tort qui n'est pardonné, demeure. C'est ainsi que nous sommes d'avis avec Bernard SESBOÜE lorsqu'il précise que : *«L'homme est temporel : le mal l'affecte dans le temps et la repentance est une conduite qui demande du temps.»[1]* Chaque offenseur porte sur sa conscience ses propres fautes graves et cherche, non pas en catimini, mais un cadre idéal pour sa repentance.

A partir de ce qui précède, tentons une approche qui tient compte de la faute et du degré de responsabilité.

---

[1] SESBOUE Bernard, *Invitation à croire. Des sacrements crédibles et désirables. Op. Cit.,* p. 186.

Chercher à décrire la faute et déterminer son responsable pose le préalable visant à définir la notion de la faute. On pourrait se poser la question : qu'est-ce qu'une faute ? Tenter une approche définitionnelle propre à la faute n'est pas aussi une action aisée. L'on serait confronté à des limites importantes. Cependant, l'approche explicative dont le dictionnaire des religions présente, nous semble à juste titre appropriée pour notre étude :

> *«Le sentiment de culpabilité est une donnée constante de la psychologie humaine mais son interprétation diffère suivant les coordonnées philosophiques et religieuses dans lesquelles il prend place. Les idéologies rationalistes et athées d'aujourd'hui le rattachent aux exigences de la société, à la conscience et la raison individuelles, au poids de la tradition qui conditionne chaque individu, etc. Les religions de l'Antiquité, intimement liées à la vie sociale, l'expliquaient par les manquements - fussent-ils involontaires – aux exigences des dieux qui coïncidaient avec le bon ordre de la société en matière de pratiques rituelles, d'interdits variés, de comportements sexuel, de relations communautaires etc. Cette morale sociologique où tout s'entremêlait l'emportait de beaucoup sur ce que nous appellerions aujourd'hui la morale de la conscience.»* [2]

De cette explication, il ressort simplement que la faute est un manquement à une règle morale, aux prescriptions d'une religion, d'une science, d'un art, d'une technique, etc. A cette idée est envisageable que le responsable est le sujet actif du verbe ¨manquer¨. C'est dire que la responsabilité est strictement rattachée à la faute et même à son lieu de manifestation. Toute personne qui manque à une règle morale ou à une prescription préétablit est par le fait même responsable. Il y a donc une articulation entre la faute et la responsabilité. Toutefois, il n'est pas étonnant de savoir qu'une faute peut être moins grave que la responsabilité qu'elle engage. Nous sommes dans le cas de figure de l'offensé à l'offenseur. Chaque fois que l'offensé se met dans la posture de vengeance ou du refus catégorique du pardon, la situation devient plus infernale qu'elle était auparavant.

La responsabilité de l'offensé est d'autant plus importante que celle de l'offenseur. Dire qu'on n'est pas obligé de pardonner, c'est aussi manquer à une règle morale. Pardonner, c'est aller de l'avant. C'est refuser de se coincer au moment et au lieu où la faute est survenue mais également de rester attaché à son offenseur. L'offensé qui impose une réponse négative à son offenseur est le plus indigne. L'on serait tenté de dire que la faute de l'offensé a atténué celle de l'offenseur. Désormais tous les deux sont responsables en matière de faute. Mais, le plus responsable ne peut qu'être l'offensé. En effet, après sa faute comment lui sera-t-il facile de recourir au pardon ? Vers qui pourra-t-il se rendre pour entreprendre sa réparation ? Certes, l'offensé est déjà responsable de sa faute, et pire quand il

---

[1] Saint AUGUSTIN, *Les confessions*, Livre XI, L'être du temps et la mesure. Il est difficile de définir le temps, 14, 17. *Ibid.*, p. 185.

[2] POUPARD Paul (sous la dir), *Dictionnaire des religions*, Paris, Presse universitaire de France, 1984, p.1293.

s'obstine à y demeurer. Cependant, vouloir réparer les conséquences de sa maladresse est une responsabilité à soutenir par tous sans exception. Au demeurant, comme mentionné dans la première partie de notre mémoire[1], les fautes sont multiples autant sont leurs responsables. Néanmoins, les offensés se doivent d'éviter le piège de la réciprocité dans la responsabilité coupable. A cet effet, l'offensé devra avoir le mérite de favoriser son offenseur à être court-circuité par le ¨coup de foudre de la repentance¨.

2.5.1.3. ¨Le coup de foudre de la repentance¨ [2]

Le ¨coup de foudre de la repentance¨[3] est un acte extrêmement important dans la démarche de la repentance de B. SESBOÜE. L'offenseur est dans la posture d'une obligation de se repentir. Il doit aller de l'avant, traverser le moment passé et se projeter dans l'avenir. Telle est la condition de l'être humain. Un être qui n'est pas statique mais qui a des projets futuristes. Cependant, vivre avec une conscience endolorie empêche cette aptitude des lendemains merveilleux. Il arrive parfois de constater que certaines personnes malgré leur confort matérielle dépriment voire sont déconnectées de la réalité du moment. Elles sont toujours figées dans le passé. Ceci explique que la dimension psychologique de la personne humaine est supérieure à son apparence physique. La conscience psychologique ou la conscience morale avec sa capacité d'évaluer ses actes et de juger, ne peut résister à un état de soi corrompu et tronqué. Le théologien Bernard SESBOÜE, qui nous inspire cette démarche de repentance, décrit la situation pénible dans laquelle l'offenseur se découvre : *« Quelque chose vient craquer en moi : je n'ose plus me regarder dans une glace. Je suis scindé, brisé, comme l'évoque justement le terme ''contrition'' qui veut dire ''broiement''.»*[4] Cette situation met en action l'effort de tout offenseur de pallier son tort avant tout autre chose sensé l'aider à s'épanouir pleinement.

¨Le coup de foudre¨ dont évoque notre théologien est l'engagement d'aller vers sa victime pour s'excuser. Comment cette occasion peut-elle être possible si aucune occasion n'est donnée aux offenseurs ? Nous n'ignorons pas l'audience foraine qui s'est bornée à écouter seulement quelques victimes qui ignorent leurs bourreaux. Mais, qu'en est-il des autres victimes ? Qu'en est-il de l'ensemble des victimes qui, certainement veulent pardonner leurs bourreaux ? Par ailleurs, comment pardonner et qui pardonner si on ignore son bourreau ? La réponse à cette série de questions légitimes engage la démarche de la réconciliation de la Côte d'Ivoire qui doit nécessairement se faire par le premier pas des bourreaux. C'est le cas idéal que présente Jésus dans la parabole de l'enfant prodigue (Lc 15, 11-32) et que Bernard SESBOÜE illustre comme significatif. L'état de Côte d'Ivoire se doit d'ouvrir un cadre propice où chaque bourreau doté de conscience psychologique, morale et mû par ¨un coup de foudre¨ se doit de façon responsable se rendre pour présenter sa repentance. C'est à partir de cette démarche, que les victimes pourront évaluer la nature de la démarche de leur bourreau.

---

[1] Au titre de la réconciliation à la démocratie. p. 20.
[2] SESBOÜE Bernard, *Invitation à croire. Des sacrements crédibles et désirables*, p.186.
[3] *Ibidem*, 186.
[4] *Ibidem*, p. 186.

L'offensé est confronté à l'effort surhumain du pardon, de l'acceptation et de l'amour de son bourreau. Il ne peut s'en passer, toutefois, d'analyser les conséquences collatérales de son agression. Il peut se demander quelle est la réaction de son entourage ? Est-il seul dans la tourmente de la souffrance ? D'où l'importance de comprendre s'il est possible d'offenser une personne sans offenser son entourage ? Mieux le milieu social peut-il être insensible à l'agression d'un de ses membres ? La réponse à ces interrogations détermine la situation si difficile à résoudre. En dépit de cela, l'offensé doit porter une attention à son agresseur.

2.5.2.1. L'attention à l'égard de l'offenseur [2]

L'offensé n'est pas seulement cette personne vulnérable livrée à la merci de la souffrance causée par son oppresseur. Sa première attitude n'est pas de se replier sur lui-même ni de rompre tout rapport avec son agresseur ainsi que de sa communauté, mais de surpasser la situation et de prendre de la hauteur. Dans le cours des évènements, on croirait que le temps est suspendu et tous les regards sont tournés vers lui pour attendre sa libération. En effet, s'il décide de se venger, il met en branle toute la communauté. Mais, dans sa situation de victime, il est celui qui donne sens véritable à l'existence et au vivre ensemble. C'est dire que dans son regard, les valeurs de pitié, de compassion et de l'attention devraient illuminer les ténèbres de l'offenseur et tous ceux qui sont témoins de sa souffrance. C'est donc une réaction positive que tous attendent de l'offensé. Il est capable de briser la chaine de violence dressée devant lui. La grandeur de son esprit ne peut que se polariser vers le désir de fraternité avec celui qui s'est révélé comme un obstacle à son épanouissement. Effectivement, dans le contexte ivoirien, l'agresseur n'est pas une personne étrangère à la nation. C'est un frère ivoirien avec qui la destinée de la nation se construit. Au nom de cette destinée commune, le sentiment de compassion mérite de surpasser le sentiment de colère et de vengeance. L'offensé donc regarde l'autre comme un frère, un ami, qui s'est fourvoyé dans le parcours de son existence et qui a besoin de l'aide pour reprendre sa part de responsabilité dans la construction de la cohésion sociale.

Au-delà du sentiment de compassion que l'offensé devra développer, qui déjà semble pourtant bien difficile, c'est aussi l'estime de soi qui devra bien être en vue. En fait, avoir de la considération pour l'offenseur, c'est aussi avoir de l'estime pour soi. Tout comme se résigner à l'enfermer dans la haine, c'est aussi s'intoxiquer davantage des blessures intérieures qui, pour guérir mettront du temps, voire jamais. L'offensé ne se sentira pas plus épanouit s'il s'accrochait au tort commis comme une pièce à conviction justifiant son attitude de victime. Fort de cet aspect qui risquerait de ruiner la vie de l'offensé, SESBOÜE préconise : *«Même si cela paraît paradoxal à première vue, et semblera sans doute bien difficile à accepter – que c'est à l'offensé de faire le premier pas pour permettre la démarche de l'aveu chez son offenseur.»*[3] Ce conseil qui est une allusion du pardon du Christ sur la croix :

---

[1] *Ibidem*, p. 190.

[2] SESBOÜE Bernard, *Invitation à croire. Des sacrements crédibles et désirables*, p. 190.

[3] *Ibidem*, p. 190

«Père pardonne-leur car ils ne savent pas ce qu'ils font » (Lc 23, 34), n'est d'ailleurs pas nouveau, il a traversé les temps, les histoires aussi rocambolesques et a permis leur dénouement. C'est le cas de tous les combattants de la liberté, de la justice et de la paix, tels que Martin Luther King, Mahatma Gandhi, et de Nelson Mandela surtout dont la lutte contre l'apartheid laisse un symbole enrichissant de réconciliation nationale avec ses célèbres discours :

> *«Dans son discours d'investiture présidentielle, il l'a expliqué très simplement : ˮL'heure est venue de refermer les plaies. L'heure est venue de créer des ponts au-dessus du fossé qui nous séparait. L'heure est venue de construireˮ (10 mai 1994). Il précisait le 23 juillet 1994 : ˮC'est une façon concrète d'oublier le passé et de construire le paysˮ. En insistant le 18 septembre 1994 sur son aspect moral : ˮEn fin de compte, la réconciliation est un processus spirituel qui requiert autre chose qu'un simple cadre légal. Il faut qu'elle ait lieu dans le cœur et dans l'esprit des individus.»* [1]

La posture de l'offensé est toujours celle du miséricordieux. A lui revient les vraies armes de la paix durable, de la cohésion sociale et de la tolérance.

Au demeurant, on pourrait résumer que : *«Le vrai pardon est un événement qui advient à tel ou tel instant du devenir historique ; le vrai pardon, en marge de la légalité, est un don gracieux de l'offensé à l'offenseur ; le vrai pardon est un rapport personnel avec quelqu'un.»* [2] Agir ainsi, n'est nullement un acte de lâcheté, ni de soumission mais un sens très élevé d'humanisme et du désir suprême de solidarité humaine pour une destinée meilleure. A cette condition, cela suppose que l'offensé est parvenu à se défaire du sentiment de colère et de rejet de l'autre.

2.5.2.2. *Se défaire de l'esprit de la vengeance et de la haine*[3]

L'offensé est-il coupable de quelque chose ? Dans la perspective des ignominies survenues en Côte d'Ivoire, répondre par l'affirmatif est peut-être acceptable. En effet, son effort de tout mettre en œuvre pour maintenir à l'endroit sa relation avec son offenseur détermine aussi son degré de responsabilité. Soit il réagit en bien, soit il réagit en mal. Le mal est déjà commis et la douleur a atteint ses limites. C'est un acte irréversible. L'offensé sans le vouloir désormais se situe à un horizon de grandeur, de puissance et de paternaliste par rapport à son adversaire. Tout l'avantage est à son pouvoir. A ce niveau, il devrait découvrir la vulnérabilité de son agresseur et avoir suffisamment d'égards pour lui. Certes, il est dans un vrai dilemme. Il est confronté à l'esprit de vengeance et à l'esprit du pardon.

Cependant, il ne peut se libérer véritablement de sa souffrance physique et morale que lorsqu'il se tourne vers le désir de pardonner. En effet, *«Le pardon est*

---

[1] RAKOTOARISON, Sylvain. ˮNelson Mandela, l'apôtre de la réconciliation et du pardonˮ. [en ligne]. Vendredi 6 décembre 2013, Disponible sur «Nelson Mandela, l'apôtre de la réconciliation et du pardon - AgoraVox le média citoyen». [Consulté le 4 Janvier 2021].

[2] JANKELEVITCH Vladimir, *Le Pardon, «Les grands problèmes moraux»*, Paris, Aubier-Montaigne, 1967. P. 12. cf. Note de bas de page du cours de Jean-Michel, MALDAME. *Péché et pardon, 2019-2020*, «Ce que le pardon n'est pas.», Belgique, Domuni Universitas, 2020, p. 23.

[3] SESBOÜE Bernard, *Invitation à croire. Des sacrements crédibles et désirables*, p. 190.

un excès de générosité qui fait face à l'excès du mal.»[1] S'il opte pour le pardon, c'est qu'il sort de l'horizon du temps pour se projeter dans celui de l'ultime, dont la théologie catholique appelle eschatologie[2] qui désigne le terme de l'histoire. Toutefois, que l'offensé, au lieu de se venger, fait preuve de tolérance, il anticipe le pardon de Dieu. C'est tout le sens de la prière du Notre Père : *«(...) que ton règne vienne, que ta volonté soit faite sur la terre comme au ciel. - Pardonne-nous nos offenses, comme nous pardonnons aussi à ceux qui nous ont offensés. Et ne nous laisse pas entrer en tentation, mais délivre-nous du mal.»[3]* Il y a là une double action eschatologique. D'une part, le règne de Dieu pour un monde pardonné est là. D'autre part, que l'offensé et l'offenseur deviennent de nouvelles créatures. En principe, il est inadmissible, que lorsque le pardon est accordé, de douter du nouveau monde de paix, de justice et d'amour qui débute avec de nouvelles personnes totalement régénérées.

Cependant, comme le souligne B. SESBOÜE : *«Nul ne viendra demander pardon s'il n'a pas la certitude que sa démarche sera accueillie avec faveur, qu'elle est toujours attendue et désirée, et que le pardon lui est constamment offert.»[4]* Apparemment, la situation, par analogie, s'apparente à un jeu où le dernier coup remporte la légitimité de la partie. L'offensé, dans ce cas de figure fera preuve de justesse pour choisir le pardon qui ragaillardit.

Dans cette perspective, Etienne CHOME entérine l'option rapide qui en principe incombe à l'offensé : *«Le pouvoir sur les personnes semble être le chemin le plus court et le plus facile, comme la pente l'est pour l'eau. Il se veut être le circuit court, il est en fait tôt ou tard le court-circuit.»* [5]

A l'évidence s'il est vrai que cette option est catégorielle et contraignante, il n'en demeure pas moins que c'est l'issue favorable. Ce qui veut dire que le pas qui libère (le circuit court) est un privilège que l'offensé détient sur l'offenseur.

2.5.2.3. *Le pas qui libère*[6]

Pourquoi faire le premier pas ? B. SESBOÜE évoque ¨le premier pas¨ ou ¨le pas qui libère¨. Cette attitude trouve davantage son cadre de prédilection que dans l'univers religieux. Nous ne pouvons pas attendre mieux qu'une telle proposition. Aussi, nous mesurons à sa juste valeur la capacité de toute victime à faire bon usage de cette proposition bien que cette initiative soit peu usitée. Dans le contexte ivoirien, la raison peut paraître incongrue pour la circonstance, surtout quand la

---

[1] MALDAME Jean-Michel, *Cours de Péché et Pardon*, 2018-2019, «Le pardon un excès d'amour», Domuni Universitas, 2019, notes de cours, p. 27.

[2] Le mot eschatologie (du grec *ta eschata* : les dernières choses) désigne la doctrine des fins dernières : résurrection, jugement, ciel et enfer. Dans le langage exégétique, il désigne l'attente de la Fin considérée comme toute proche et toutes représentations qui s'y rapportent. Maurice CARREZ. L'eschatologie, dans POUPARD Paul (éd.), Dictionnaire des religions, Paris, Presse Universitaire de France, 1984, p. 526.

[3] Catéchisme de l'Eglise Catholique. Nouvelle édition, Paris, Centurion-Cerf, Fleurus-Mame, CECC, 1998, p. 668-684.

[4] SESBOÜE Bernard, *Invitation à croire. Des sacrements crédibles et désirables. Op. Cit.*, p. 191.

[5] CHOME Etienne, *La méthode critère, pour mieux gérer les conflits*, Louvain, Presse Universitaire de Louvain, 2009, p. 160.

[6] SESBOÜE Bernard, *Op. Cit.*, p. 191.

conscience reste vive sur les atrocités qui mettront du temps pour être oubliées, voire jamais. Pourtant, il est inévitable et très nécessaire de faire ce pas. Nous nous bornerons à évoquer trois hypothèses majeures pour lesquelles les victimes ont intérêt à agir ainsi.

D'abord, la personnalité sociale de l'offensé qui est de nature pacifique. S'il est offensé, certainement qu'il n'était ni partie en conflit ni n'a d'intérêt au conflit. L'offensé n'est pas un adversaire. Autrement, il serait simplement un mauvais perdant. L'offensé a une personnalité et une vie aux antipodes de toutes idéologies meurtrières et de l'avidité à conquérir par tous moyens illégaux une situation sociale. La violence ne constitue en rien pour lui un moyen de réussite et de promotion sociale. Son abnégation à œuvrer à l'aménagement d'un environnement social sain et de la promotion de ses proches détermine son leitmotiv. Dans cette perspective, l'enjeu est de pallier au plus vite toute insanité, colmater les fissures sociales et repartir de plus bel.

Ensuite, l'autre aspect en interaction avec le premier, c'est l'activité sociale qui constitue un enjeu capital. Rien ne paraît plus utile et suscite autant d'attention que sa fonction. Elle est à la base de la réinsertion sociale de tout individu. C'est pourquoi, il est impérieux d'œuvrer pour un climat favorable pour atteindre de bons rendements.

Enfin, un indicateur non négligeable sous-tend fortement les précédents. L'équilibre psychologique constitue le socle vital sans lequel, toute la structure court le risque de dégringoler. Autant, il est sûr que ceux qui ont des rancœurs ressentent de la culpabilité et multiplient des échecs, autant, il est certain que ceux qui pardonnent trouvent la paix et le succès.

Le premier pas est un pas de géant, et extrêmement lourd. Certes, il n'est pas facile et pourtant, il faut s'engager pour ne pas compromettre ni retarder ses propres objectifs, c'est-à-dire les maintenir à l'état initial. La stratégie du pardon et de la réconciliation préconisée par le théologien Bernard SESBOÜE, dans son œuvre, est apparemment d'une perfection singulière. Construite sur le modèle de la parabole de l'enfant prodigue du Christ rédempteur, elle concilie, après une crise, humilité et amour du prochain pour une nouvelle ère de vie commune.

Contrairement àux pratiques d'antan, pour lui, le premier pas de l'offensé est révolutionnaire dans le règlement des conflits en temps réel.

2.6. Conclusion du deuxième chapitre

Au terme de ce parcours, nous découvrons la nécessité de la réconciliation. Elle est incontournable pour l'équilibre d'une société ou d'une nation. Comme une valeur sociale, toute personne quel que soit son niveau peut en faire bon usage. La déchirure sociale survenue en Côte d'Ivoire n'est certes pas une fatalité. Les ivoiriens ne sont pas condamnés à la désunion. La Côte d'Ivoire par le truchement de son Président Alassane OUTTARA n'a ménagé aucun effort pour l'institution de la Commission Dialogue, Vérité et Réconciliation (CDVR). Même si dans sa mission de pacification, elle a été confrontée à des clivages idéologiques, son rapport final n'est totalement pas négligeable. Certaines personnes, notamment les victimes et les auteurs présumés ont procédé à leur ¨toilette psychologique¨, et des réparations de dommages ont été amorcées. Des efforts restent encore à faire.

À l'avantage des ivoiriens, de nombreux mécanismes de règlements de conflits ont été observés dans leurs us et coutumes. Nous les concevons comme des points d'accès socioculturels de la réconciliation. On les trouve, d'une part, au niveau des accords matrimoniaux, des alliances intercommunautaires et de l'arbre à palabre. D'autre part, ils sont repérables au niveau des cérémonies traditionnelles telles que les fêtes d'ignames, la sortie des masques, la cérémonie du ¨pôro¨ les cérémonies funéraires, le rapport des vivant avec les ancêtres. Tous ont pour vocation de consolider le tissu social et viser un avenir promoteur.

Par ailleurs, la démarche humaine de la repentance du théologien Bernard SESBOÜE, se révèle comme un moyen nécessaire pour stimuler le désir d'aller à la réconciliation. Offenseur et offensé ont tous les deux une part de responsabilité à jouer dans le processus de la réconciliation. ¨Le pas qui libère¨ conditionne la réussite de la réconciliation vraie. En ce sens, nous percevons que la responsabilité de l'Eglise devra se révéler également comme un soutien important pour mettre un terme à cette crise qui dure encore. Cette perspective de voir réconcilier les hommes que la violence a désunis, a été pendant longtemps la préoccupation majeure de l'Eglise. Pour cerner toutes les possibilités d'une réconciliation efficiente en contexte de crise nationale, notre réflexion nous oriente vers la vision globale et éthique de l'Eglise.

7. Chapitre 3. Engagement des communautés religieuses au service de la réconciliation

Les difficultés grandissantes auxquelles les ivoiriens sont confrontés, depuis le début du nouveau millénaire, alimentent les discussions autour de la réconciliation. Dans de nombreux milieux aussi bien ecclésiaux que laïcs, l'expression "la réconciliation" fait son apparition. En elle, transparaît au premier plan le soupir d'une classe moyenne épuisée par une paupérisation insoutenable. L'économie est en partie impactée par la fracture sociale. Apparemment, celle-ci n'est pas due à une question de revenu : *«C'est une privation des possibilités de choix, d'opportunités qui permettraient aux individus de mener une vie décente.»*[1] L'Eglise perçoit avec intérêt que se réconcilier consiste de facto à favoriser la relance du bien-être social. C'est la condition sine qua non pour une économie prospère. Depuis le début de la crise, elle n'a cessé de multiplier des actions favorables à promouvoir l'unité nationale. Nous ne pourrons pas passer en revue toutes ces actions. Mais, nous observerons quelques-unes notamment dans trois niveaux les plus manifestes. Au plan des Eglises locales, nous décrypterons quelques apostolats de la réconciliation mis en place. Au plan du dialogue intercommunautaire, nous nous interrogerons sur la nature des actions concertées pour s'inviter à l'unité. Au plan national, nous tenterons de découvrir ce qui a été fait pour susciter les ivoiriens à un vivre ensemble optimal et responsable.

3.1. Les Eglises locales et la réconciliation

Il est parfois facile de faire de l'amalgame au sujet de certains termes se rapportant à Eglise. Pour éviter de faire de la confusion, il importe au préalable de lever tout équivoque. Une précision terminologique paraît incontournable dès le départ pour déterminer ce qu'ils expriment en réalité.

3.1.1. Précision terminologique

On entend souvent parler d'Eglise universelle, Eglise Catholique, Eglise particulière et Eglise locale. Etymologiquement, l'Eglise catholique et l'Eglise universelle sont deux expressions très proches voire synonymes. Elles désignent l'Eglise tout entière, l'ensemble du peuple ecclésial. Mais, dans le langage courant, le terme catholique s'est amplifié pour designer l'Eglise catholique romaine en opposition aux Eglises orthodoxes, en opposition aux Eglises et communautés ecclésiales protestantes.

Les termes «Eglise particulière et Eglise locale» sont fréquemment utilisés pour désigner un ensemble de fidèles réunis autour de leur pasteur ou de leur évêque. Néanmoins, en se référant au droit canon, le terme *Eglise particulière* est

---

[1] BENICOURT, Emmanuel. «La pauvreté selon le PNUD et la banque mondiale.» Art. 29. Numéros en texte intégral 159-160. 2001. P.35-54 [en ligne]. Disponible sur «https://journals.openedition.org/etudesrurales/68.» [Consulté le 25 février 2021]. BENICOURT Emmanuelle est maître de conférences à l'université de Valenciennes et du Hainaut Cambressis, où elle enseigne l'économie internationale. Elle s'intéresse tout particulièrement à l'économie du développement [en ligne]. Disponible sur «https://www.lisez.com/auteur/emmanuelle-benicourt/98122#:~:text=Emmanuelle%20B%C3%A9nicourt%20est%20ma%C3%AEtre%20de,%C3%A0%20l'%C3%A9conomie%20du%20d%C3%A9veloppement». [Consulté le 19 mars 2021]

sans ambigüité[1]. Ces termes peuvent désigner aussi la préfecture territoriale ou l'abbaye dont la charge pastorale est confiée à un prélat ou à un abbé comme sont pasteur propre à l'instar de l'évêque diocésain.[2] Le vicariat apostolique ou la préfecture apostolique est également une portion déterminée du peuple de Dieu qui, pour des raisons particulières est confié à un vicaire apostolique ou à un préfet apostolique qui répond au nom du Pontife Suprême.[3] L'administration apostolique est aussi une portion du peuple de Dieu qui n'est pas érigée en diocèse. La charge pastorale de cette portion de l'Eglise est confiée par un administrateur apostolique qui la gouverne au nom du Pontife Suprême.[4]

Le décret sur la charge pastorale des évêques dans l'Eglise, nous donne quelques éléments constitutifs, en précisant l'Eglise locale comme une portion du peuple de Dieu confiée à un évêque pour que, avec l'aide de son presbyterium, il en soit le pasteur.[5] Cette Eglise est rassemblée par l'évêque dans l'Esprit Saint grâce à l'Evangile et l'Eucharistie.[6] Dès lors, le droit ecclésiastique précise ainsi les différents éléments fondamentaux de l'Eglise locale et notamment le rôle de rassemblement joué par l'évêque.[7]

A strictement parler, on pourra comprendre qu'une paroisse ne devra pas être perçue comme une Eglise locale, même si certains la qualifient ainsi par analogie. Par ailleurs, on comprendra que l'Eglise d'un pays n'est pas non plus une Eglise locale mais plutôt une communion d'Eglises locales, chacune rassemblée autour de son évêque. Dans le cadre de cette étude, nous emploierons l'expression "Eglises locales" pour désigner l'Eglise diocésaine. Comment les Eglises locales ivoiriennes gèrent la question de la réconciliation ?

3.1.2. La pastorale de la réconciliation des Eglises locales

Il est inconcevable pour les Eglises locales de paraître inactives dans la recherche des solutions pouvant réconcilier les ivoiriens. Il en va de sa mission fondamentale. Quoi que l'on puisse penser : *«L'Eglise est le signe et le moyen de l'union intime avec Dieu et de l'unité de tout le genre humain.»* [8] Les Eglises locales ne sont pas recroquevillées sur elles-mêmes, mais ouvertes à tous les hommes sans exception. A travers certaines entités qui les composent, elles s'adonnent à la mission d'unir les ivoiriens. Parmi elles, on retient : les paroisses, les mouvements et associations.

---

[1] Le droit canon de 1983 n'emploie en aucun moment l'expression «Eglise locale».

[2] Code de Droit Canonique. Titre I. les Eglises particulières et leurs autorités [en ligne]. 1983. Can. 368-430. Disponible sur «http://www.vatican.va/archive/FRA0037/_P1A.HTM».[Consulté le 22 mars 2021]. Canon 370 §. 1.

[3] Can. 371- §. 1.

[4] Can. 371- §. 2.

[5] Décret sur la charge pastorale des évêques dans l'Eglise Christus Dominus, n° 11.

[6] Code de Droit Canonique. Titre I. les Eglises particulières et leurs autorités, Can. 369.

[7] Can. 374 - §. 4

[8] Pape PAUL, *Constitution dogmatique sur l'Eglise Lumen Gentium*, n° 1.

On retient qu'une «*Paroisse est une communauté déterminée de fidèles, constituée durablement au sein de l'Eglise particulière, dont la charge pastorale, sous l'autorité de l'Evêque diocésain, est dévolue à un curé, pour qu'il en soit le pasteur propre.*»[1] Dans cette unité à vocation de vie spirituelle, le sujet (chrétien) est caractérisé à la fois d'une disposition de ¨kanonia¨ (Communion) et d'un engagement de ¨diakonia¨ (service). Il est par le fait même un corps aimant dans la chair du monde pour reprendre l'expression cher Maurice Merleau-Ponty : «*Le corps est considéré comme une structure qui elle-même structure le monde vécu.*»[2] Nous voudrions bien parcourir quelques actions de l'entité Communauté Ecclésiale de Base en abrégée (CEB).

3.1.2.2.   Les Communautés Ecclésiales de Bases (CEB)

Depuis la deuxième conférence générale de l'Episcopat latino-américain en 1968[3], un changement historique de paradigme a soufflé sur l'Eglise. C'est désormais l'émergence d'une Eglise prophétique, une Eglise authentiquement évangélique qui se dépouille, se fait pauvre pour s'engager dans le combat de la libération intégrale de l'homme et de tout l'homme. Cette Eglise intègre les exclus en éradiquant tout schéma d'endoctrinement des traditions chrétiennes. L'Eglise se fait de plus en plus près des hommes. Ce changement radical passe par l'instauration des CEB comme lieu d'une évangélisation catéchétique incarnée.

L'Eglise de Côte d'Ivoire a bénéficié de ce souffle nouveau. En effet, l'avènement des Communautés Ecclésiales de Bases a redynamisé l'activité pastorale, depuis près d'une trentaine d'années. Bien qu'elles aient évolué timidement au départ, avec les crises successives, elles se sont constituées en véritables bras séculiers des paroisses. Devant la montée des violences en zones rurales et urbaines, leurs activités pastorales de proximité ont contribué au retour progressif de la paix. Dans les quartiers, à chaque séance de rencontre hebdomadaire, un thème portant sur un fait de vie est mis en contribution pour susciter des réflexions.

L'intérêt principal des thèmes est de découvrir par soi-même quelle vie est en phase ou en déphasage avec l'annonce de la Bonne Nouvelle. Depuis l'année 2000, les thèmes sont orientés vers la restauration de la paix en Côte d'Ivoire. A l'analyse, l'on suppose que c'est par cette stratégie, certaines personnes accepteront la tolérance et le pardon malgré les affres de la crise militaro-politique. Des exemples

---

[1] Code de Droit Canonique. Les paroisses, les Curés et les Vicaires paroissiaux. *Op. Cit.,* Can. 515. §. 1.

[2] La Chair du monde est évoqué pour la première fois par le philosophe Maurice Merleau-Ponty dans son œuvre le visible et l'invisible. En tant que penseur, il a essayé de présenter la transaction entre la chair ontique et à la chair ontologique et du corps propre à la «chair du monde». Pour sa personne nous pouvons dire simplement qu'il est philosophe français né Rochefort-sur-Mer le 14 mars 1908 et mort le 3 mai 1961 à Paris.

 Merleau-Ponty Maurice. In Wikipédia. L'encyclopédie libre [en ligne]. 21 janvier 2021. Disponible sur «https://fr.wikipedia.org/wiki/Maurice_Merleau-Ponty». [Consulté le 23 mars 2021].

[3] DE ROUX, Rodolfo. «La II Conférence Episcopale Latino-Américaine à Medellin.» Medellin. 1968. n° 1. «https://f-origin.hypotheses.org/wp-content/blogs.dir/3387/files/2019/04/LA-II-CONFE%CC%81RENCE-E%CC%81PISCOPALE-LATINO.pdf».[Consulté le 23 mars 2021].

imagés de conflits éclairent la foi des chrétiens les prédisposent à éviter les pièges du péché. Ils deviennent à leur tour des éveilleurs de conscience auprès de certaines victimes de la crise, et des conseillers des foyers de discorde. Nous voudrions mentionner un prototype de conflit qui a fini par aboutir à la réconciliation des parties :

> *«SERY et SORO appartiennent à la même CEB. Ils sont très actifs dans la communauté Chrétienne du village. Mais quelques temps, un litige foncier oppose leurs deux familles. Elles s'accusent mutuellement d'avoir volé une parcelle de terrains voisins. Les membres des deux familles ne communiquent plus. Les femmes se boudent ou se battent au marché. Les hommes eux évitent de se retrouver dans les mêmes groupes de jeu ou de causerie. SERY et SORO préfèrent aller chacun de la CEB voisine ou éloignée pour ne pas avoir à se rencontrer. Les jours de célébrations à l'Eglise, ils s'ignorent au moment de se donner la paix. Des membres de l'Eglise tentent de rapprocher les deux hommes. Mais ils estiment que le problème ne peut se régler à leur seul niveau. La chefferie et des cadres du village réussissent à organiser une rencontre de conciliation entre les deux familles. Après un moment d'échanges houleux, SERY demande la parole et dit : «Chers parents, je voudrais avant tout demander à mes parents d'apaiser leur cœur. Il est vrai que je ne suis pas le plus âgé de la famille ; c'est pourquoi je demande pardon à mes parents pour ce que je vais dire. Voyez-vous, je suis un des animateurs de notre communauté religieuse et ce que nous vivons actuellement dans le village et surtout entre nos deux familles m'affecte beaucoup faisons la paix. Pardon.»* [1]

Cette histoire illustre tant de situations qui affectent au quotidien l'atmosphère des groupes et de communautés. Elle laisse percevoir qu'un problème de deux personnes peut embraser la quiétude de toute une localité. Fort heureusement, l'annonce de la Bonne Nouvelle et certaines personnes de bonne moralité viennent à la rescousse.

Par ailleurs, pour être prompt aux préoccupations du moment, des rencontres de sensibilisation se sont multipliées. Les aumôniers des CEB de plusieurs Eglises locales ont permis aux responsables de ces communautés d'acquérir des formations relatives à la gestion des relations humaines. La recherche de performance des dirigeants face aux situations de crises majeures exige des stratégies exceptionnelles pour aborder, écouter, apaiser, consoler, et redynamiser les esprits abattus. Parmi tant de rencontres, de sensibilisations, l'expérience de l'Archidiocèse d'Abidjan est un exemple à retenir.

Pour les sessions de formation organisées par l'aumônerie, c'est plus trois cent (300) responsables qui y participent. Lesquelles sont placées sous le thème majeur de *«La contribution de ces Communautés Ecclésiales de bases à la paix et à*

---

[1] ROUSTAN Pierre, *Les attitudes pour vivre la communion au quotidien*, Cahier des CEB, 2014- 2015, n° 72, p.

la réconciliation.» [1] C'est toute l'Eglise blessée par les horribles situations du fait de la crise qui cherche à pallier les conséquences insupportables. Pour les ecclésiastiques, les CEB doivent être les premières à construire et à promouvoir la paix *«En réactivant le vivre ensemble, les alliances ethniques et en rendant visite à nos frères musulmans et protestants etc.»* [2] Cette indication s'explique par le fait que, c'est les CEB qui mènent leur apostolat dans les quartiers. Elles sont en contact avec les familles non catholiques et devront faire preuve de messagers du Christ. Dans l'élan de la recherche de la paix, personne en l'occurrence le chrétien ne devra négliger personne.

Outre ce canal indispensable à l'Eglise pour susciter la paix, le renouveau charismatique catholique constitue un support efficace pour l'éveil spirituel des fidèles. Quelle action a-t-il mené en faveur de la réconciliation du pays ?

3.1.2.3. *Le renouveau charismatique*

On pourrait au début de ce paragraphe, nous demander quelle est cette structure de l'Eglise dénommé : le renouveau charismatique ?

> *«Le renouveau charismatique catholique est un mouvement de réveil catholique apparu aux Etats-Unis dans des années 1970. Il est tourné vers l'expérience personne avec Dieu, particulièrement à travers l'expérience de l'action de l'Esprit Saint. Une expérience spirituelle qui n'est pas sans rappeler celle qui fut vécue par les apôtres lors de la première Pentecôte au cénacle à Jérusalem.»* [3]

En Côte d'Ivoire, le renouveau charismatique catholique s'est fait très tôt remarqué par la spécificité de sa spiritualité. Contrairement aux habitudes des catholiques ivoiriens, le renouveau n'est pas bien accueilli et accepté en Côte d'Ivoire. C'est dans les ghettos et les domiciles qu'il a su s'imposer progressivement avant d'être accepté par les ecclésiastiques au sein de l'Eglise. Caractérisé par les trois (3) invocations (au Père, au Fils, et à l'Esprit Saint), aux intercessions en chœur, aux louanges, le tout amplifié par les séances de délivrances, et de bénédictions, le renouveau charismatique a fini par conquérir progressivement les cœurs des chrétiens catholiques.

---

[1] La Croix Africa le site de l'actualité religieuse. A Abidjan, le Communautés ecclésiales de base invitées à s'engager pour la paix et la réconciliation [en ligne]. Disponible sur «https://africa.la-croix.com/a-abidjan-les-communautes-ecclesiales-de-base-invitees-a-sengager-pour-la-paix-et-la-reconciliation/». [Consulté le 23 mars 2021].

[2] La Croix Africa le site de l'actualité religieuse. A Abidjan, les Communautés ecclésiales de base invitées à s'engager pour la paix et la réconciliation [en ligne]. *Ibidem.* [Consulté le 23 mars 2021].

[3] Spiritualité et culture contemporaine. Le renouveau charismatique fête son jubilé d'or à Rome [en ligne]. le 02 juin 2017. Disponible sur «https://www.lejourduseigneur.com/le-renouveau-charismatique-fete-son-jubile-dor-a-rome/?utm_term=&utm_campaign=DSA&utm_source=adwords&utm_medium=ppc&hsa_tgt=dsa-19959388920&hsa_grp=63799019246&hsa_src=g&hsa_net=adwords&hsa_mt=b&hsa_ver=3&hsa_ad=324524855737&hsa_acc=1453167336&hsa_kw=&hsa_cam=1674174368&gclid=EAIaIQobChMIl7aIvr3X7wIVBc93Ch3L6AyyEAAYAiAAEgKAAfD_BwE». [Consulté le 30 mars 2021].

En 1998 lorsque le Cardinal Bernard AGRE fait siennes les propos du Pape PAUL VI : *«Le renouveau est une chance pour l'Eglise,»[1]* celle de la Côte d'Ivoire prend une allure prophétique. Depuis lors, le renouveau charismatique s'est donné pour mission d'évangéliser à travers les messes pour les malades. Pour cette mission spirituelle, active et participative, l'Eglise catholique s'est vue débarrasser de sa tiédeur et ses pasteurs timorés se sont éveillés. En effet, la plupart des futurs clercs transitaient par le renouveau charismatique.

L'avènement des crises survenues dans le pays ont permis aux membres du renouveau de redoubler plus d'ardeur. Sous la bannière de leur slogan *«Paix et Joie»,* les dimanches après-midi dans la plupart des paroisses, les séances de prières donnaient lieu à des enseignements. Maintenir la foi des fidèles confrontés aux atrocités inédites de la crise tel est le défi auquel le renouveau charismatique devra faire face. Les responsables dits bergers se sont montrés davantage plus motivés pour donner des enseignements sur le pardon, l'amour, la prière, la tolérance, etc.

Durant les périodes dénommées le cheminement des sept (7) semaines, des cérémonies de libération et de guérison de blessures intérieures sont multipliées pour redonner la paix du cœur. Toutes ces séances de nature évangélisatrice trouvent leur apothéose à la fête de la pentecôte. Chaque deux (2) ans, à cette occasion, un pèlerinage national est organisé à la Basilique Notre Dame de la Paix de Yamoussoukro (ville capitale politique de la Côte d'Ivoire).[2]

D'année en année, le nombre de participants au pèlerinage est impressionnant.[3] Faudrait-il trouver un sens à la masse de personne qui intègre les différents groupes du renouveau charismatique en contexte de crise ? Certes, pour beaucoup, la prière justifie la vie en indiquant la voie idéale à suivre. Mais surtout parce que la politique ne peut plus leur procurer le bonheur. La parole de Dieu suffit pour combler les désirs de l'homme.

Le soutien des évêques ivoiriens a davantage boosté le renouveau aux limites de grandes villes. Si la crise ivoirienne s'est très tôt stoppée et les conséquences bien que déplorables, on ne saurait toutefois s'abstenir de dire que les communautés d'éveil spirituel tel que le renouveau charismatique ont joué un rôle de premier plan. Grâce à leurs campagnes d'évangélisation, de guérison et d'exhortation à vivre en enfant de Dieu, elles ont fini par détourner l'esprit de vengeance et de mort.

---

[1] Pape PAUL VI, *Discours du Pape Paul VI aux participants aux IIIème congrès international du renouveau charismatique catholique* [en ligne]. Vendredi 19 mai 1975. Disponible sur «http://www.vatican.va/content/paul-vi/fr/speeches/1975/documents/hf_p-vi_spe_19750519_rinnovamento-carismatico.html». [Consulté le 31 mars 2021].

[2] En Côte d'Ivoire le renouveau charismatique catholique a réuni 15000 personnes pour la pentecôte. In La Croix Afirca. Le site de l'actualité religieuse [en ligne]. Le 22 mai 2018. Disponible sur «https://africa.la-croix.com/en-cote-divoire-le-renouveau-charismatique-a-reuni-15-000-personnes-pour-la-pentecote/». [Consulté le 30 mars 2021].

[3] Prions en Eglise. En Côte d'Ivoire le renouveau charismatique catholique a réuni 15000 personnes pour la pentecôte In La Croix Afirca. Le site de l'actualité religieuse [en ligne]. https://africa.la-croix.com/en-cote-divoire-le-renouveau-charismatique-a-reuni-15-000-personnes-pour-la-pentecote/». [Consulté le 30 mars 2021].

Au-delà des groupes paroissiaux qui ont œuvré dans le sens de la réconciliation, la structure diocésaine et son pasteur propre ne sont pas restés en marge du chantier de la réconciliation.

3.1.3. Actions diocésaines

La multitude des crises ivoiriennes n'ont épargné personne. Les évêques se sont sentis suffisamment éprouvés. De 2002 à 2011, la rébellion a sapé la pastorale laborieuse entamée depuis des décennies. De la conscience collective aux nombreuses infrastructures, tout est déstructuré. Devant cet état de fait, la quasi-totalité des pasteurs semblent avoir un désir unique ; celui qui résonne comme un appel à la réconciliation. Parmi les stratégies exploitées, on constate : les homélies, les retraites, les réunions des conseils presbytéraux, le pèlerinage national, etc. Dans le cadre cette étude, nous voudrions porter notre réflexion sur deux actions que sont les homélies et le pèlerinage national. Cette réflexion a pour objectif, d'une part, de déceler leurs impacts sur la population désespérée, d'autre part, de savoir si l'attente de ces pasteurs est satisfaisante.

3.1.3.1. Les homélies

L'homélie peut être perçue comme l'explication des textes sacrés au cours de la célébration liturgique. Elle a pour objectif, non seulement, d'orienter le peuple de Dieu à appréhender le mystère de la foi chrétienne, mais surtout, de conformer sa vie à partir des principes qui en découlent.[1] Les évêques en tant que les hérauts de la foi, ont l'obligation première, la prédication de l'Evangile.[2] Il leur appartient donc de faire l'effort de soutenir le peuple de Dieu sur le bon chemin qui conduit à la vie.

S'il est vrai que le contexte ivoirien est celui de la spirale de la violence, le chrétien a aussi l'obligation de se laisser orienter par son guide spirituel. Les évêques sont pour les chrétiens les personnes les plus indiquées. A travers leurs homélies, c'est l'Esprit de Dieu qui vient purifier le cœur des chrétiens surtout de toutes intentions pouvant les conduire au regret. L'homélie est l'occasion où Dieu éclaire la conscience humaine afin que l'homme se détourne des situations qui entravent sa quiétude et celle de son semblable. Le mal est dénoncé à la lumière de l'Evangile.

Sous l'écho des paroles prononcées, l'on se laisse convaincre parce que ce n'est pas des paroles vaines. Elles sont inspirées et portent ce qui pourrait sembler être la volonté de Dieu. L'évêque en tant que messager de Dieu et en homme averti met en relation la Parole de Dieu proclamée et la situation concrète dans laquelle se trouve le croyant. A l'analyse de ce qui est annoncé, la conscience droite du croyant ou du non croyant saura établir la vérité pour se laisser convertir ou pas.

Parfois, il advient que des messages véhiculés dans les homélies apparaissent dans les journaux et les réseaux sociaux. Elles deviennent objets de débats publics. Le message atteint toutes les couches de la société et interpelle chacun dans son état

---

[1] Pape PAUL, Constitution dogmatique sur l'Eglise, *Lumen Gentium* n° 25
[2] *Ibidem.*

de vie propre. Il appartiendra à la fin à l'Esprit de Dieu d'achever qu'il aura bien commencé.

L'un des exemples les plus pertinents qui réconforte et interpelle plus d'un ivoirien est l'homélie dans un franc-parler de l'évêque de Yamoussoukro.[1] Cette homélie qui n'est pas unique en son genre, a contribué activement à rééquilibrer progressivement l'atmosphère de violence et continue à exhorter à la réconciliation nationale.

> *«L'Afrique se présente comme un gâteau de guerre, l'émergence est chantée partout alors que les gens ont faim et n'ont même pas le minimum pour se soigner». En Côte d'Ivoire, le mensonge, l'hypocrisie, la corruption et l'immoralité sont galopants. Le bourreau et la victime sont au même niveau de culpabilité. Ce sont autant de maux qui freinent la réconciliation vraie. Les ivoiriens ont beaucoup parlé de la réconciliation après la crise post- électorale. Mais beaucoup de questions se posent. Où en sommes-nous ? Combien de personnes y croient encore ? Nos cœurs ont-ils cessé de faire la guerre ?»[2]*

---

[1] Les Archevêques et Evêques de Côte d'Ivoire ont tenu, du 19 au 25 janvier 2015, leur assemblée plénière à Abengourou au centre Saint-Kizito. La messe de clôture a eu lieu, le dimanche 25 janvier dernier, à l'église de la paroisse Notre Dame du Plateau (Abengourou). Monseigneur Marcellin Yao Kouadio, évêque de Yamoussoukro, dans son homélie, a dénoncé les guerres économiques, les rebellions planifiées par les multinationales, les recours aux pratiques mystiques, la dictature et les facilitateurs, eux-mêmes, impliqués dans ces conflits. Selon l'homme de Dieu, «l'Afrique se présente comme un gâteau de guerre, l'émergence est chantée partout alors que les gens ont faim et n'ont même pas le minimum pour se soigner». En Côte d'Ivoire, poursuit-il, le mensonge, l'hypocrisie, la corruption et l'immoralité sont galopants. Le bourreau et la victime sont au même niveau de culpabilité. Ce sont autant de maux qui freinent la réconciliation vraie. Selon l'évêque Marcellin Kouadio, «les ivoiriens ont beaucoup parlé de la réconciliation après la crise post- électorale. Mais beaucoup de questions se posent. Où en sommes-nous ? Combien de personnes y croient encore ? Nos cœurs ont-ils cessé de faire la guerre ? Dieu attend de la Cote d'Ivoire une réconciliation vraie et sincère. Mais peut-on faire la paix ou la réconciliation par procuration ?», s'est-il interrogé. Avant d'ajouter que «2015 étant une année électorale, elle est chargée de peur et d'angoisse». C'est pourquoi, dans son homélie, il a prié Dieu afin que les Ivoiriens qui s'engageront dans la politique ne soient pas une malédiction pour la Côte d'Ivoire. Aussi, a-t-il exhorté, les fidèles chrétiens à être les vainqueurs du mal sur le bien. «Le seigneur doit éclairer chaque Ivoirien afin de faire le meilleur choix en vue d'une Côte d'Ivoire réconciliée». En effet, la crise a tristement marqué l'histoire de la Côte d'Ivoire et a mis à mal la cohésion sociale, selon Antoine Koné, évêque d'Odienné, qui a lu le message de la conférence des évêques de Côte d'Ivoire. Selon lui, l'heure est venue pour la reconstruction et la réconciliation du pays. «Mais malgré quelques avancées, il est urgent de continuer à cultiver la réconciliation par la vérité, le pardon et la justice équitable». Car poursuit-il, cela peut améliorer la qualité des relations afin de donner la chance à la Côte d'Ivoire d'exister comme une nation où il fait bon vivre sans discrimination ni exclusion. Aussi a-t-il invité les ivoiriens à rester vigilants. Parce qu'un problème négligé peut saper la cohésion sociale et la stabilité. Les Archevêques et les évêques catholiques ont attiré l'attention des Ivoiriens sur les phénomènes qui mettent à mal la cohésion sociale. Notamment la course effrénée vers le gain facile, le cas des enfants enlevés pour des rituels, les bradages des terres familiales, le cas des «microbes» et surtout l'impunité. Il a invité les gouvernants à rendre plus visible la lutte contre la corruption et œuvrer pour une réconciliation vraie. Et d'inviter les hommes politiques à éviter la violence et les pratiques mystiques à but électoraliste... Marcelin KOUADIO, évêque de Yamoussoukro. «L'émergence est chanté partout alors que les gens ont faim» [En ligne]. Le mercredi 28 janvier 2015. Disponible sur «https://news.abidjan.net/h/522616.html». [Consulté le 01 avril 2021].

[2] Marcelin KOUADIO, évêque de Yamoussoukro, *«L'émergence est chanté partout alors que les gens ont faim»*, [En ligne] Le mercredi 28 janvier 2015. Disponible sur «https://news.abidjan.net/h/522616.html». [Consulté le 01 avril 2021].

Pour les évêques de Côte d'Ivoire, au-delà d'une simple interpellation, la réconciliation est l'inévitable à laquelle victimes, bourreaux et toute autre personne vivant sur le territoire devra accueillir avec sincérité. Dans la ligne des exhortations des évêques, le cardinal réitère la préoccupation des ivoiriens, qui ne souhaitent que la réconciliation :

> *«Alors que la tension est montée d'un cran entre le pouvoir et l'opposition à la veille du référendum, le thème de la lettre pastorale – «Toi, laisse là ton offrande, et va d'abord te réconcilier avec ton frère» (Mt 5,23-24) - du Cardinal KUTWA invite les ivoiriens à la réconciliation.*

> *Le Cardinal a d'abord pris soin de commenter le passage de l'Evangile de Matthieu d'où est extrait le thème de l'année pastorale avant de l'appliquer au contexte sociopolitique de la Côte d'Ivoire. Afin d'aider les fidèles à mieux comprendre l'enjeu de son invitation à la réconciliation, le Cardinal KUTWA a commencé par faire un état des lieux et par retracer l'histoire de la Côte d'Ivoire.»* [1]

Face à toutes ces homélies avec leur contenu révolutionnaire, la situation a-t-elle changée ? Serait-il indiqué que pour aspirer à un changement de comportement au niveau national, l'homélie soit le levier approprié ? A l'évidence, le message est seulement interpellant pour le chrétien. Qu'en est-il pour les non croyants et les non catholiques ? Souvent, il n'est pas surprenant d'entendre dire que le mal est hors les murs de l'Eglise. Le chrétien n'est pas celui-là qui s'oppose à la réconciliation nationale. Si la situation reste inchangée et la paix tarde à venir, n'est-ce pas parce que les véritables instigateurs du cafouillage ivoirien sont tapis en embuscade ? Toutes ces préoccupations sont légitimes.

Cependant, il serait insensé de se laisser perdre dans le scepticisme avec l'intention que les prédications des évêques sont sans effets positifs. En effet, le chrétien qui écoute l'exhortation de l'évêque est un envoyé en mission. En sa qualité de baptisé et porteur de la Bonne Nouvelle du Christ, il lui revient de relayer le sens de la vie qui découle la prédication de l'évêque. On n'est pas chrétien pour soi-même mais pour rendre témoignage du christ à ses frères. On peut autrement comprendre le sens de ces interrogations pertinentes. Si la réconciliation semble un vain mot, c'est aussi parce que le chrétien semble loin de sa mission. Sa solidarité avec l'ensemble du genre humain semble s'effriter. En effet, comme le rappelle l'Eglise :

> *«Les joies et les espoirs, les tristesses et les angoisses des hommes de ce temps, des pauvres surtout et de tous ceux qui souffrent, sont aussi les joies et les espoirs, les tristesses et les angoisses des disciples du Christ, et il n'est rien de vraiment humain qui ne trouve écho dans leur cœur. Leur communauté, en effet, s'édifie avec des hommes, rassemblés*

---

[1] Abidjan. Côte d'Ivoire. L'appel à la réconciliation du Cardinal KUTWA avant la le référendum en Côte d'Ivoire [en ligne]. 22 octobre 2016. Disponible sur «https://www.la-croix.com/Urbi-et-Orbi/Documentation-catholique/Eglise-dans-le-Monde/Lappel-reconciliation-cardinal-Kutwa-avant-referendum-Cote-dIvoire-2016-11-02-1200800248». [Consulté le 01 avril 2021].

dans le Christ, conduits par l'Esprit Saint dans leur marche vers le
Royaume du Père, et porteurs d'un message de salut qu'il faut proposer
à tous. La communauté des chrétiens se reconnaît donc réellement et
intimement solidaire du genre humain et de son histoire.» [1]

Au demeurant, la prédication de l'évêque est une invitation pour le chrétien à aller en mission. Laquelle qui non seulement suscite sa propre conversion et satisfaction, mais aussi celle qu'il pourra rechercher chez ses semblables. Outre les homélies qui, jusqu'à un certain niveau exhortent à la réconciliation, les pèlerinages nationaux contiennent une dimension de paix et de réconciliation.

3.1.3.2. *Les pèlerinages*

Notre perception sur les actions des Eglises locales nous conduit à repérer cette autre perspective qui stimule le peuple de Dieu à accueillir la réconciliation. Sans pour autant la définir comme élément fondamental pour accéder à la réconciliation, le pèlerinage continue de jouer un rôle indéniable dans le processus de conversion. En Côte d'Ivoire chaque année, la période de carême est propice aux pèlerinages. Toutes les paroisses de tous les diocèses organisent une journée de pèlerinage. Certains mouvements comme le renouveau charismatique, la légion de marie, les amis du saint sacrement, l'Union Fraternelle du Clergé Ivoirien (UFRACI) et bien d'autres en font une préoccupation annuelle.

Cependant, les pèlerinages diocésains mus par le désir de la réconciliation deviennent le leitmotiv des évêques. En contexte d'incertitude où le pays se trouve plongé depuis longtemps, ces pasteurs mettent leur dévolu dans tous les secteurs de rassemblement comme le pèlerinage. En effet, comme le conçoit le Pape Benoît XVI :

> *«A la différence du vagabond, dont les pas n'ont pas une*
> *destination finale déterminée, le pèlerin a toujours un but, même si*
> *parfois il n'en est pas explicitement conscient. Et ce but n'est autre que*
> *la rencontre avec Dieu à travers le Christ, en qui toutes nos aspirations*
> *trouvent une réponse.»* [2]

Face à l'inertie politique de s'obstiner à l'inexécution des résolutions de la réconciliation nationale, les évêques organise un pèlerinage national. L'année sainte dédiée à la «Miséricorde» (2015-2016) par le Pape François est une véritable aubaine pour redynamiser les pèlerinages. La Basilique Notre Dame de la Paix de Yamoussoukro a été le point de ralliement de tous les pèlerins ivoiriens.

Monseigneur Ignace BESSI, archevêque de Korhogo, est le Président de la Conférence Episcopale depuis 2017. A l'instar de certains ivoiriens, il perçoit la libération des prisonniers politique comme un moyen pour réussir la réconciliation. L'appel de ce pasteur résonne comme un principe d'éthique sans lequel la

---

[1] Pape PAUL, *Constitution Pastorale sur l'Eglise dans le monde de ce temps, Gaudium Spes* n° 1.

[2] BENOIT XVI. Lettre du Pape Benoît XVI à l'occasion du IIème congrès mondial de la pastorale des pèlerinages et des sanctuaires (Saint-Jacques-de-Compostelle 27-30 septembre 2010)[en ligne]. 2010. Disponible sur «http://www.vatican.va/content/benedict-xvi/fr/letters/2010/documents/hf_ben-xvi_let_20100908_compostela.html». [Consulté le 02 avril 2021].

conscience morale reste assujettie par l'influence d'une puissance extérieure à elle. En effet, Monseigneur précise que : *«Pour se réconcilier, il faut être libre. Pour être libre, il faut avoir la faculté d'aller et de venir sans être inquiété.»* [1] Au travers de ce pèlerinage, le signal est donné aux politiques. Le peuple ivoirien ne s'oppose pas à la réconciliation.

Les croyants catholiques acceptent de briser leur particularité ethnique pour s'unir autour de leur foi chrétienne. Ce signal devrait permettre aux politiques d'en faire autant. Leur mission est d'unir le peuple et de ne rechercher que ce qui fait son bonheur.

En définitive, il est vrai que les chrétiens catholiques depuis le début de la crise multiplient d'innombrables occasions pour reconstruire le tissu social. Partant des actions des paroisses, en faisant allusion aux CEB, au renouveau charismatique, jusqu'aux diocèses avec les homélies et pèlerinages, le dévouement est noble. Cependant, l'objectif n'est pas encore atteint. La mission de parvenir à la réconciliation est un travail qui implique toutes les formations religieuses.

3.2. Les communautés religieuses diverses et la réconciliation

Faudrait-il se laisser convaincre que la réconciliation nationale paraît être un vœu pieux ? Certes, *«L'examen des possibilités et des limites de la réconciliation et de la paix durable en Côte d'Ivoire démontre que non seulement la consolidation de la paix piétine, mais que les jeux et enjeux politiques favorisent un certain gel de la situation.»*[2] Cet énoncé n'est assurément pas de l'avis des religieux pour qui, seule la volonté de Dieu et la disposition des peuples l'emportent.

Dans cette deuxième partie, nous montrerons qu'en plus des communautés catholiques, d'autres communautés n'ont pas intérêt à rester indifférents face à la déstructuration de la société ivoirienne. Nous ne pourrons pas évoquer les actions de toutes les communautés. Nous ferons allusion aux initiatives des musulmans et des protestants.

Sans vouloir négliger les religions traditionnelles, nous estimons que leurs actions sont consubstantielles au vécu des peuples. Depuis le déclenchement des crises successives, les religions traditionnelles n'ont cessé, au travers des différents points d'accès socioculturels de la réconciliation évoqués, de reconstruire l'unité du peuple ivoirien. Outre les religions traditionnelles, nous nous abstiendrons d'évoquer aussi des Communautés Evangéliques. Nous estimons que leurs actions s'inscrivent également dans les grandes lignes de leurs ¨communautés sœurs¨ catholique et protestantes.

---

[1] Politique. Côte d 'Ivoire : les évêques catholiques demandent la libération des prisonniers politiques [en ligne]. le 23 mai 2016. Disponible sur «https://www.jeuneafrique.com/327608/politique/cote-divoire-eveques-catholiques-demandent-liberation-prisonniers-politiques/». [Consulté le 2 avril 2021].

[2] CHARBONNEAU, Bruno. «Côte d'Ivoire : possibilités et limites d'une réconciliation», Afrique contemporaine. 2013/1, n°245, p. 111 à 129, Disponible sur «https://www.cairn.info/journal-afrique-contemporaine-2013-1-page-111.htm». [Consulté le 3 avril 2021].

3.2.1. L'engagement de l'Islam

Les communautés islamiques en Côte d'Ivoire se regroupent autour d'une unité dénommée le Conseil Supérieur Islamique (COSIM). L'Iman BOIKHARY Fofana en est le président depuis mai 2020. Pour lui, en tant qu'un référent de cette institution, les valeurs de la religion islamique et constitutives de la stabilité sociale restent prioritaires. Quelles actions concrètes ont-ils engagées pour la réconciliation du pays ?

3.2.1.1. Les actions de l'Islam

Pour la réinstauration de la paix en Côte d'ivoire, nous repérons deux activités de l'Islam qui sont la recommandation aux musulmans de faire le premier pas et la conférence publique organisée par le leader de la communauté.

3.2.1.1.1. *"Le premier pas aux musulmans"* [1]

La communauté musulmane n'est pas étrangère à la crise militaro-politique de la Côte d'Ivoire. Elle est sensible à la situation délétère dans laquelle se trouve le pays. Comme d'autres communautés, elle a subi des conséquences de la crise. Cependant, elle n'en désespère pas. En effet, juste après les élections de 2011, Jean Claude COULIBALY, devenu par la suite l'actuel président de l'Union Nationale des Journalistes de Côte d'Ivoire (UNJCI), affirmait que :

> *«Depuis bientôt une semaine, les tueurs de Laurent GBAGBO s'attaquent aux mosquées et aux leaders religieux musulmans. Après l'incendie de la mosquée du 16ème Arrondissement à Yopougon, la mosquée du quartier Lem dans la même commune a été incendiée. Il y a plus d'un mois une mosquée à Grand-Bassam a connu une attaque à la grenade. L'attaque n'a pas fait de morts, mais des blessés ont pu être dénombrés parmi les victimes. Ces derniers jours, des imams ont été tués...»* [2]

S'il est possible de prendre en compte ces atrocités et bien d'autres par ailleurs, les musulmans ont également payé un lourd tribut dans cette crise. Toutefois, ils ne se laissent pas porter à des conduites vindicatives. De convenance pour le commun des mortels, il appartiendrait à l'agresseur de se mobiliser pour entreprendre la démarche du pardon. Le musulman en revanche présente une autre conduite. Pour l'iman BOIKHARY Fofana le plus important c'est d'inviter ses coreligionnaires à œuvrer dans le sens de la tolérance et de la réconciliation. Ainsi, dit-il :

> *«Les musulmans ne doivent pas pour autant sortir de l'équation de l'Islam. Le musulman doit être égal à lui-même quelle que soit la situation. Nous devons suivre la voie de Dieu. C'est lui qui sait où se trouve notre bonheur. Il faut remplacer le mal par ce qui est mieux. Ce*

---

[1] Politique. Réconciliation national/ Cheick BOIKARY Fofana : "C'est aux musulmans de faire le premier pas" [en ligne]. 4 juin 2011. Disponible sur «https://news.abidjan.net/h/400687.html». [Consulté 03 avril 2021].

[2] Politique. Attaque des mosquées, assassinant des Imams, atteintes à la laïcité [en ligne]. 18 mars 2011. Disponible sur «https://news.abidjan.net/h/394621.html». [Consulté le 03 avril 2021].

n'est pas facile de dire à un chef de famille qui a perdu cinq de ses enfants, qui connait ses bourreaux, de ne pas les haïr. Mais le Coran enseigne aux musulmans de ne pas se chagriner outre mesure parce qu'ils auront perdu un enfant, un poste, des élections. L'Islam, c'est l'éducation. Il faut que le musulman prenne de la hauteur. Je ne dis pas qu'on doit exclure la justice. Mais nous devons démontrer chaque jour que ce qui est dit des musulmans et de l'Islam n'est pas la vérité.» [1]

Cette posture de l'iman vient recadrer le musulman dans la perspective de l'idéal islamique. Il rappelle par-là que le musulman est une personne de paix et non de violence. Exhorter à la réconciliation n'est pas un acte banal dans l'Islam. Mieux, celui qui l'entreprend ne reste pas sans récompense comme le préconise le Coran : *«Rien de bon n'entre dans la plupart de leur entretiens secret. Mais celui qui recommande l'aumône ou une action honnête, ou la concorde entre les hommes, s'il le fait par désir de plaire à Dieu, recevra certainement de nous une récompense magnifique (4,114).»* [2] En effet, la considération que le musulman voue à la réconciliation représente comme l'un de ses objectifs les plus importants de sa vie dans ce monde. Par ailleurs, pour donner de la consistance à son exhortation pour aller à la réconciliation, le président du COSIM tient des conférences publiques.

3.2.1.1.2.   La Conférence publique [3]

Selon Georges CLEMENCEAU (1841-1929), *«Il est plus facile de faire la guerre, mais difficile de faire la paix.»* [4] En effet, à tout moment, la colère peut brouiller l'unité entre les personnes. Cependant, les réconcilier, exige des procédures parfois lentes. Toute précipitation aboutit souvent à l'insatisfaction. Le leader musulman multiplie pour sa part des stratagèmes parmi lesquels la conférence publique retient l'attention d'une frange importante de la population. Nous voudrions uniquement énumérer les points saignants de cette activité sans faire d'analyse. De fait, ils nous paraissent évidents et leur impact sur le public pourrait être quasi satisfaisant. Pour le conférencier le professeur TARIF Ramadan [5] ces points sur lesquels il s'appesantit sont des remèdes pour sauver la Côte d'Ivoire [6] :

---

[1] Politique. Réconciliation nationale/ Cheick BOIKARY Fofana : ̈C'et aux musulmans de faire le premier pas ̈«https://news.abidjan.net/h/400687.html». [Consulté le 03 avril 2021].

[2] *Le Coran. Traduction intégrale des 114 Sourates par KASIMIRRSKI*, Paris, Sacelp, 1981, p. 76.

[3] Société. Paix et réconciliation : Les cinq solutions du Pr Tariq Ramada [en ligne]. 29 aout 2011. Disponible sur «https://news.abidjan.net/h/408906.html». [Consulté le 04 avril 2021].

[4] CLEMENCEAU Georges. «Discours de paix (posthume)». Il est né le 28 septembre 1841 à Mouilleron- en Pareds (Vendée) et mort le 24 novembre 1929 à Paris. Il fut un homme d'Etat français et Président du conseil de 1906 à 1909 puis de 1917 à 1920. Il fut un piètre négociateur au traité de Versailles signé le 28 juin. Citation du jour. Il est plus facile de faire la Guerre que de faire la paix [en ligne]. Disponible sur «https://www.histoire-en-citations.fr/citations/clemenceau-il-est-plus-facile-de-faire-la-guerre-que-la-paix». [Consulté le 21 avril 2021].

[5] TARIF Ramadan est né le 26 aout 1962Génève. Il est islamologue Suisse. Petit-fils des frères musulmans Hassanel-Banna. Il est titulaire d'un doctorat de l'université de Genève pour une thèse sur le réformisme islamique. Ex professeur de l'université d'Oxford, il se consacre aux conférences au sein de plusieurs universités.

[6] *Société. Paix et réconciliation : Les cinq solutions du Pr Tariq Ramada* [en ligne]. *Ibidem*. [Consulté le 21 avril 2021].

1- Il faut une réconciliation spirituelle (faire la paix avec soi-même avant tout).

2- L'autocritique qui est de se regarder en face (faire un bilan de conscience pour déceler ses défauts et ses qualités).

3- les ivoiriens doivent cultiver la patience, éviter des propos injurieux et blessants, entretenir la générosité pour maitriser l'arrogance.

4- La réconciliation prendra du temps ; elle demande l'endurance, la persévérance car la route est longue.

5- La création d'un état de droit (il n'y a pas de paix s'il n'y a pas de réconciliation sociale. Un état de droit doit assurer un traitement égalitaire de tous les citoyens dans la loi).

Objectivement, ces projections du conférencier constituent des indicateurs qui révèlent que la communauté musulmane est disposée à tourner la page de la violence pour la paix dans le pays. Par ailleurs, observons l'engagement de la communauté protestante dans le processus de la réconciliation.

3.2.2. L'engagement des Eglises protestante méthodiste et Méthodiste Unie de Côte d'Ivoire

Au préalable, nous ne voudrions pas passer sous silence la situation interne à laquelle est confrontée l'Eglise Protestante Méthodiste. Pour ce qui est de l'histoire brève, l'origine de l'Eglise protestante est d'inspiration John Wesley en 1729[1]. En Côte d'Ivoire depuis une date très récente, la dénomination de cette Eglise est passée sous l'appellation de l'Eglise Méthodiste Unie créant ainsi la division en son sein. D'un côté un groupe se réclame de l'ancienne appellation avec toutes les implications possibles. De l'autre côté, un autre groupe favorable à la nouvelle appellation avec l'intention de conserver le patrimoine de la communauté.

Les fidèles et les pasteurs sont donc en désunion et chacun prêche pour sa chapelle. Les biens communs (Hôpitaux, écoles, Eglises, collèges, etc.), objets d'accaparement sauvage continuent d'envenimer parfois les violences dans certaines localités notamment dans la région de Dabou (Région situé à proximité d'Abidjan la capitale administrative). Jusqu'à présent la situation est restée au stade précaire. Les tentatives de règlements sont en cours avec l'espoir d'un dénouement heureux.

Nonobstant leur condition peu exemplaire, elles ont décidé de contribuer à œuvrer pour la paix en Côte d'Ivoire. Quelles contributions ont-elles apporté pour réconcilier les ivoiriens tel est l'intérêt de cette partie de notre réflexion.

3.2.2.1. Eglise Protestante Méthodiste de Côte d'Ivoire

L'Eglise Protestante Méthodiste de Côte d'Ivoire a mené plusieurs activités dans le sens de la cohésion nationale. Parmi toutes ses activités, nous retenons deux

---

[1] Eglise Méthodiste Unie Côte d'Ivoire. Cœur ouvert, Esprit ouvert, Portes ouvertes. Une Eglise multiculturelle [en ligne]. Disponible sur «https://emu.ci/». [Consulté le 04 avril 2021].

cultes. Un premier tenu le 28 août 2011 à Bouboury (département de Dabou) et un second le 11 novembre 2012 à Abia koumassi (un quartier d'Abidjan).

3.2.2.1.1.   *Culte de réconciliation nationale à Bouboury*

Nulle raison de douter tout effort de l'Eglise en matière de réconciliation. L'Eglise Protestante Méthodiste de Côte d'Ivoire à l'instar des autres communautés religieuses a apporté sa pierre à l'édification de l'unité sociale. Même si elle est éprouvée par une crise interne de scission, elle se sait capable de faire front à celle qui bouleverse davantage l'unité nationale. Une fois le 28 août 2011[1] puis une seconde fois le 11novembre 2012,[2] l'Eglise protestante méthodiste de Côte d'Ivoire a multiplié des occasions de réconciliation. C'est à travers les célébrations des cultes d'actions de grâce et de demande de supplication, qu'elle œuvre pour le retour rapide de la paix en Côte d'Ivoire.

Il serait judicieux de mettre en relief le premier culte dans le village de Bouboury (Département de Dabou). Lequel vise à prier en faveur de la mission du président de la CDVR nouvellement nommé, mais aussi pour l'unité de l'Eglise. La participation du président de la CDVR (ex Premier ministre de Côte d'Ivoire) a suscité la curiosité et la mobilisation de milliers de personnes à se rendre à cette cérémonie. L'intime conviction de chacun des participants était d'aller à la réconciliation. Le prédicateur du jour, le Révérend Pasteur Ernest GNAGNE, a exhorté le peuple de Dieu dans la vision paulinienne selon laquelle le chrétien est une nouvelle créature et ambassadeur du Christ :

> *«Si quelqu'un est en Christ, il est une nouvelle créature. Pour lui, les choses anciennes sont passées, et partant delà, toutes les choses sont devenues nouvelles. Car Dieu étant Christ, réconciliant le monde avec lui-même, sans tenir compte aux hommes leurs fautes, il a mis en nous, la parole de la réconciliation. Nous sommes donc, des ambassadeurs pour Christ, comme Dieu exhortait par nous (2 Co 5, 17).»* [3]

Par ailleurs, un autre culte aura lieu dans la capitale ivoirienne qui connaitra une réussite exponentielle. Une telle ferveur pour cette cérémonie laisse entrevoir que le processus de la réconciliation est en train de connaitre un dénouement satisfaisant.

3.2.2.1.2.   *Culte de réconciliation nationale à Abia Koumassi (Abidjan)*

La seconde cérémonie de réconciliation tenue à Abia Koumassi (un quartier de la commune de Koumassi à Abidjan) avait davantage un caractère national. L'évènement à des raisons pour ne pas laisser personne indifférent. Le Président de la République Alassane Dramane OUATTARA sollicitait un culte pour la paix et la

---

[1] *Ibidem*, [Consulté le 05 avril 2021].

[2] *Ibidem*, [Consulté le 05 avril 2021].

[3] Société. Eglise protestante Méthodiste/ Culte pour la paix et la réconciliation : Les Méthodistes invoque la sagesse de Dieu Sur Charles Konan BANNY [en ligne]. 1 septembre 2011. Disponible sur «https://news.abidjan.net/h/409144.html». [Consulté le 05 avril 2021].

réconciliation nationale. Lequel devrait s'emboiter avec la fête de l'installation du chef de cette unité religieuse. Fort de ces circonstances, la cérémonie était placée sous le signe de : «*Culte de la paix, la réconciliation, la reconstruction en Côte d'Ivoire et d'installation du président de l'Eglise Protestante Méthodiste de Côte d'Ivoire.*»[1] La configuration, que donnent les régions représentées, définit la dynamique et la volonté de tendre vers la réunification du pays. Nous regroupons les participants en régions et par pays[2] :

La région Nord : Korhogo
La région Ouest : Danané, Duekoué, Gagnoa, Lakota
La région Centre : Saïoua, Divo,
La région Est : Abengourou,
La région Sud : Agboville, Aboisso, Bonoua, Dabou,
Les pays étrangers : Togo, Bénin, Sénégal

L'impressionnante mobilisation révèle à fortiori que la réconciliation nationale en particulier est le souhait de tous. La cohésion sociale comme un impératif passe avant tout pour tous. C'est pourquoi, le pasteur LEGBEDJI Aka Bertin, prédicateur de la cérémonie, ne se retient pas lorsqu'il met le nouveau président de la communauté le révérend pasteur Jonas Adou YEDE, en face de la «*tâche qui l'attend.*»[3] Une tâche qui se décrit comme le défi à conduire le peuple de Dieu et leurs concitoyens ivoiriens à construire une nation de paix et d'amour.

Outre la contribution de l'Eglise Protestante Méthodiste, nous voudrions observer celle qu'a mise en place sa consœur Eglise Méthodiste Unie.

3.2.2.2.   L'Eglise Méthodiste Unies de Côte d'Ivoire

L'Eglise Méthodiste Unie de Côte d'Ivoire (EMU-CI) s'est aussi engagée de manière active pour résorber la crise ivoirienne. Sans toutes autres formes de moyens belliqueux, elle s'inscrit dans le sillage de la mission prophétique de toute Eglise. Par le canal des supplications à Dieu, elle intercède et enseigne pour l'harmonie et la paix du monde, ainsi que le bonheur des individus. L'EMU-CI dans bien des domaines marque son importance à rétablir la paix. Deux de ses outils nous intéresse pour cette recherche de solution à la crise ivoirienne : La prière des fidèles et le message du Bishop Benjamin BONI en faveur de la réconciliation.

3.2.2.2.1.   *La prière des fidèles pour la paix et la réconciliation*

Pour les fidèles d'EMU-CI, l'année 2013 constitue l'année de la relance et de la normalisation des activités de la population ivoirienne. Cette opportunité passe inévitablement par un temps de prière et de supplication à Dieu afin qu'Il consacre dans sa miséricorde infinie, le retour rapide de la paix à travers le pays. Dans cette perspective, un culte pour la paix entre les fils et filles de la Côte d'Ivoire fut

---

[1] *Ibidem*, [Consulté le 05 avril 2021].

[2] *Ibidem*, [Consulté le 05 avril 2021].

[3] Eglise Protestante Méthodiste de Côte d'Ivoire. Culte pour la paix, la réconciliation et la reconstruction en Côte d'Ivoire. In facebook [en ligne]. Cit. [Consulté le 05 avril 2021].

organisé le dimanche 13 janvier 2013 au siège de l'EMU-CI situé à Abobo Baoulé (un quartier d'Abidjan).

Pour cette initiative très attendu des fidèles, il leur est recommandé d'inscrire le Christ au centre de toutes leurs préoccupations. En agissant ainsi, ils contribuent à l'édification de leur communauté. La présence effective du bishop Benjamin BONI a donné une autre allure à la rencontre. Dans son adresse aux participants, il exhorte les ivoiriens dans leur ensemble à la paix et à l'union autour de la mère patrie. S'il est nécessaire de garder en mémoire cet évènement important, son appréhension de la réconciliation l'est davantage. En effet, disait-il : *«La réconciliation est plus que nécessaire aujourd'hui. Nous demandons de se tenir debout, par rapport à la mission que chacun a à accomplir pour servir la nation.»*[1]

¨Se tenir debout par rapport à la mission de chacun¨ est un appel solennel qui a retenti amplement dans toute la Côte d'Ivoire comme un slogan pour la jeunesse.

Par ailleurs, au-delà de cette occasion de prière une autre en termes d'enseignement a permis au Bishop de s'adresser encore à sa communauté et par ricochet à la nation ivoirienne.

3.2.2.2.2.   Bishop Benjamin BONI et la Réconciliation [2]

En Côte d'Ivoire ¨la paix¨, pourrait-on dire semble une véritable denrée rare. Sa disparition n'est nullement l'effet d'une situation extérieure, mais celle de l'homme. Mieux, l'ivoirien a participé à la perte de la paix par sa propre ¨volonté égoïste¨. La rétablir nécessite naturellement la volonté consciente de celui-ci et la connaissance parfaite de la valeur de la paix. Dans l'optique de reconquérir la paix, le Bishop Benjamin BONI, en messager de la Bonne Nouvelle, lance l'invitation à tous ses fidèles, à tous les croyants, et à toute personne de bonne volonté à s'unir. Cette union devra se traduire par des actes concrets :

«Nous devons nous épauler. La réconciliation vraie est possible, pourvu que chacun y mette son cœur ce n'est pas facile avec tout ce qui s'est passé mais chacun de nous doit y mettre de la bonne volonté. Nous devons transcrire ce que nous disons dans les actes. Nous devons prier, prier et prier. Car Satan sera toujours là le Diable rode toujours. C'est par le Seigneur seul que nous allons aboutir.» [3]

Dans ce propos du Bishop BONI, on s'aperçoit que l'expression *« mettre la bonne volonté »* se rapporte et s'oppose à la mauvaise volonté. La crise de la cohésion sociale serait-elle une condition favorable aux ivoiriens ? Autrement, qu'est-ce qui les empêcherait à se mobiliser pour la réconciliation ? Du moins, cette condition profite-t-elle à un groupe ? Si tel est le cas, quelles actions concertées les défavorisés entreprennent-ils ? Autant d'interrogations pourraient découler de l'invitation du Bishop.

---

[1] *Ibidem*, [Consulté le 05 avril 2021].
[2] Bishop Benjamin BONI est le président de l'Eglise Méthodiste Unie de Côte d'Ivoire.
[3] Société. Bishop Benjamin BONI : «Ce qu'il faut pour une vraie réconciliation» [en ligne]. Lundi 11 mars 2013. Disponible sur «https://news.abidjan.net/h/453803.html». [Consulté le 06 avril 2021].

En effet, accepter de se mettre ensemble est un acte émanant d'une volonté individuelle. Cela en perspective de ce qu'on a à bénéficier. Le contraire est synonyme de désunion avec toutes les conséquences que cela implique. Les conséquences impactent tant au niveau social, économique, politique, religieuse, etc. Personne n'est épargné des affres de l'absence de la paix. Sans aucune forme de conscience, pour une situation d'envergure nationale, la volonté de rechercher la paix ne devrait pas mettre assez de temps. Elle ne devrait pas faire l'objet de tant de sensibilisations. C'est pourquoi, le serviteur de Dieu pour élucider ses propos ajoute avec insistance que : *«C'est nous qui devons revenir à la paix. Ce n'est pas la paix qui doit revenir.»*[1] Partant aussi de cette injonction, on comprend aisément qu'au-delà de la demande et de l'attente prophétique de *«Seigneur donne-nous la paix,»*[2] il y a bien l'expression de communion des fidèles dans l'Eglise et de leur sens élevé d'amour mutuel.[3] La paix relève de la volonté commune. Les ivoiriens, sans distinction de classe sociale, de groupe ethnique ou de religion, ont intérêt à faire revenir la paix et l'unité nationale.

Au-delà des différentes initiatives isolées des communautés religieuses particulières, des actions concertées ont été menées. Les guides religieux ivoiriens ont fait à leur niveau preuve d'unité pour construire l'unité à l'échelle nationale.

3.3. Dialogue interreligieux et implications des leaders religieux à la cohésion sociale

Dans l'espoir de trouver des issues favorables à la restructuration de la cohésion sociale, les communautés religieuses ; nonobstant leurs actions isolées, ont aussi œuvré en synergie. Des déclarations ont été multipliées. Leurs effets ont pacifié les conduites des ivoiriens. Deux catégories d'implications retiendront notre attention. Ce sont d'une part celles des leaders religieux au sein duquel militent toutes les communautés religieuses de la Côte d'Ivoire et d'autre part, celles de la conférence des évêques catholiques de la Côte d'Ivoire. La raison de notre regard sur ces deux entités se justifie simplement par le simple fait que leur responsabilité dans la crise ivoirienne n'en est pas écartée.

En effet, des manipulations à des fins politiques ne se sont pas faites attendre. Elles ont suscité parfois des tentatives d'affrontements entre des factions religieuses. La formation des leaders religieux autour d'une unité a participé à la désactivation des foyers de conflits en états latents. Elle a également permis de détourner les personnes de leurs positions idéologiques et d'attirer leur attention sur ce qui pourrait être leur intérêt commun : la paix préalable au développement. Sans vouloir se contenter aux appels de paix, ils ont prolongé leur mission en invitant les ivoiriens à la réconciliation par des déclarations. Lesquelles constituent l'intérêt de cette partie de notre étude.

---

[1] Société. Bishop Benjamin BONI : «Ce qu'il faut pour une vraie réconciliation». [en ligne]. [Consulté le 06 avril 2021].
[2] Présentation Générale du Missel Romain (PGMR). Le rite de la paix, n° 82, 2007 [en ligne]. Disponible sur «http://honau.free.fr/PGMR.pdf». [Consulté le 06 avril 2021].
[3] Présentation Générale du Missel Romain (PGMR). Le rite de la paix, n° 82. 2007 [en ligne].

La longue période de stabilité de la Côte d'Ivoire est due en partie à la franche relation des communautés religieuses. Depuis les indépendances jusqu'à 2000, il n'a eu aucun soupçon de crise interreligieuse. Les mariages interreligieux se réalisaient sans heurt. Les partages des repas de fêtes telles que Tabaski[1], Ramadan[2], Noël, Pâques, et autres se célébraient à l'instar des fêtes populaires. Toutefois, pour ce qui pourrait être une circonstance particulière de collision entre politique et religion, le Cardinal Bernard YAGO, dans son homélie du 31 décembre 1991, avertissait en ces termes :

> *«En prenant ainsi conscience de leur rôle dans la construction de la paix, les religions apparaissent plus fermement déterminées à ne pas devenir des instruments au service d'intérêts particuliers ou de fins politiques. Le Pape souligne d'ailleurs à deux reprises le danger réel que feraient courir à la paix les responsables politiques qui utiliseraient les religions comme un instrument au service de leur propre pouvoir ; alors ce qui devient actuellement lieu privilégié de construction de la paix deviendrait lieu de division. Ceux que la foi en un Dieu unique et créateur devrait naturellement rapprocher risqueraient de s'opposer ou d'être opposés à des fins de pouvoirs.»[3]*

Cependant, depuis 2002 jusqu'à 2010, les crises politiques ont permis de redécouvrir une autre réalité du dialogue interreligieux comme un outil de rapprochement. En effet, cette décennie est marquée par des récupérations de concepts antirépublicains. Les manipulations politiciennes de xénophobie commencèrent à déstructurer la cohésion sociale et motivèrent les leaders religieux à collaborer. C'est alors que fut réactivé le Forum National des Confessions Religieuses de Côte d'Ivoire (FNCR-CI) créé en 1995. Quelle en fut leur réelle implication dans la lutte en faveur de la cohésion sociale ?

3.3.1.1. Implications du FNCR-CI dans la cohésion sociale de 2002 à 2010

Le forum des Confessions Religieuses initié est chapeauté par le Père ABEKAN Norbert Eric et l'Imam GUIDJIBA Cissé. Les réactions véhémentes autour des propos de xénophobie et d'exclusion faisaient croire que les relations de bon augure des croyants des différentes religions ont été mises de travers. Cette idée activait l'impression qu'il y avait des problèmes entre les religions. Cette situation donnait l'occasion aux deux leaders religieux de rétablir la quiétude entre chrétien et musulman. Pendant une longue période, le FNCR-CI sillonne le pays pour sensibiliser à la paix. Pour l'avenir du pays, disaient-ils :

---

[1] La Tabaski ou AïD el-Kebir (en arabe) signifie «la grande fête». En Afrique de l'ouest, elle est appelée Tabaski. Elle est la plus importante des fêtes musulmanes célébrée après le pèlerinage à la Mecque (Hajj).

[2] Le Ramadan détermine la période sacrée du musulman. Il fait référence au neuvième mois du calendrier musulman qui se rapport au jeûne. C'est l'un des cinq (5) piliers de l'Islam avec la profession de foi, le pèlerinage à la Mecque, la prière et l'aumône obligatoire.

[3] TRICHET Pierre, *Pas de paix sans justice. Les évêques d'Abidjan prêchent la paix*, Abidjan, Cerap, 2004, p. 43.

> *«La jeunesse doit tirer profit des Paroles des livres saints pour vivre en acteur de paix, d'amour. C'est à eux de préserver le patrimoine culturel du pays et de la transmettre aux autres générations. La Côte d'Ivoire est un havre de paix que chacun se doit de protéger. Les communautés religieuses devront se donner la main même s'il n'est pas toujours facile d'agir ainsi...»*[1]

Evidemment le contexte de la Côte d'Ivoire est particulier. Durant les années, un calme vraisemblable a couvert le pays sans réellement aider la population à s'imprégner de la culture de la paix. Au travers des crises politiques de ces dernières décennies, la dimension de la paix sociologique transparait comme l'unique bien précieux de tous. Il va sans dire qu'il faille inculquer la culture de la paix à la population.

A qui reviendrait cette tâche ? Aux familles ? A l'Etat ? A la religion ? La question est pertinente. En face la polémique politicienne a déjà assez fourvoyé les acteurs et les a rendus moins crédible pour parler de la vraie paix. Certes, il est aisé de voir que tout le monde parle de paix. Aussi tous souhaitent la paix. Cependant, tous n'ont pas la même compréhension de la notion de paix. La paix exige un ensemble de mécanismes pour son bon fonctionnement. Une paix qui n'est plus le ¨calme olympien¨ (absence de guerre) mais une paix qui s'appuie sur les valeurs de la justice sociale.

La culture de la paix, bien qu'elle soit souhaitée de tous n'est toujours pas perçue de la même manière par tous. Aussi, elle n'est pas une réalité facile pour maitriser son mécanisme de fonctionnement. A chaque niveau de la structure du pays chacun a un rôle important à jouer. Pour éviter de graves dérives et des conséquences insupportables, la caravane de la paix des chrétiens et musulmans a été mise en marche. Celle-ci se donne la mission d'étouffer en son sein la crise religieuse en état embryonnaire. A Daloa, la caravane de la paix et de la cohésion sociale était à pied d'œuvre pour indiquer la conduite à tenir :

> *«Nous pensons qu'il est temps de véhiculer les messages de paix au travers ces caravanes et que nous nous rapprochons de la population pour montrer quelque part que c'est chacun de nous qui doit être acteur de paix pour qu'on retrouve notre sérénité et l'environnement pacifique dans lequel nous avons si bien évolué.»*[2]

A l'évidence, le scénario des moquées brulées, des Eglises attaquées prenait de l'ampleur. En passant par la radio musulmane (Albayan FM 95.7) et la radio chrétienne (Espoir FM 102.8) le Forum National des Confessions Religieuses de Côte d'Ivoire touchait par ses émissions toutes les contrées du pays. Avec ténacité

---

[1] Société. Le Père ABEKAN et l'Imam Cissé GUIDJIBA exhortent les religieux à être des Agent de paix [en ligne]. Disponible sur «https://www.7info.ci/le-pere-abekan-et-limam-cisse-djiguiba-exhortent-les-religieux-a-etre-des-agents-de-paix/».[Consulté le 08 avril 2021].

[2] L'info Express. Daloa. Caravane de la paix et de cohésion : des guides religieux à l'assaut des populations [en ligne]. 17 novembre 2019. Disponible sur «https://linfoexpress.com/daloa-caravane-de-la-paix-et-de-cohesion-des-guides-religieux-a-lassaut-des-populations/». [Consulté le 08 avril 2021].

les leaders religieux n'ont pas hésité à dire aux leaders politiques de ne pas instrumentaliser les religions.

Les rencontres des jeunes et des femmes ont été organisé. Des consignes fermes ont été données pour éviter l'escalade de la violence sous toutes ses formes. Ainsi, les musulmans et chrétiens ont montré leur bonne foi à vivre la paix malgré les stratagèmes envisagés par certaines personnes véreuses. Tous les efforts pour mettre en conflits ces deux communautés se sont avérés infructueux. L'imam YOUSSOUF Konaté précise un aperçu du travail des leaders religieux en ces termes :

> *«Très tôt en effet, nous avons perçu les signes avant-coureurs de la grave crise qui a secoué le pays ces dix dernières années. Pour cette raison, nous avons organisé avec persévérance des séminaires de formation et de sensibilisation des imams, des leaders des communautés et associations musulmanes du pays. Concrètement, il s'agissait de prévenir les conflits et d'identifier les moyens de préserver la paix sociale, malgré la partition de fait du pays entre Nord et Sud, depuis septembre 2002. Le message principal délivré comme un leitmotiv lors de ces réunions était que le conflit ivoirien était de nature politique et non religieuse. Il s'agit d'une lutte pour le pouvoir qui n'a rien à voir avec les croyances des uns et des autres. Ce message a été réitéré à de nombreuses reprises par notre guide spirituel, Cheick BOUAKARY Fofana, Président du conseil supérieur des imams (COSIM). Notre Guide nous incitait à nous abstenir de riposter, quelles que soient les attaques dont la communauté musulmane pouvait être victime, ce que nous avons scrupuleusement respecté tout au long du conflit. Et ce bien que plusieurs mosquées aient été incendiées et plusieurs imams tués, à Abidjan ou Duékoué dans l'Ouest. La communauté musulmane dans son ensemble est restée digne dans la douleur. C'était un signal fort adressé à tous les ivoiriens et je crois qu'il a été perçu comme tel.»*[1]

Ce paragraphe évoque les épreuves endurées par les religions. Dans certaines villes comme Agboville située au Sud du pays des mosquées et des églises ont ensemble été incendiées par des habitants. La grande Eglise (la Cathédrale) de justesse a été épargnée grâce à une forte résistance.[2] Après la crise postélectorale de 2011, s'il est avéré que la situation semble reprendre son cours normal, il faut, cependant, se rendre compte que cela n'est pas de l'avis des leaders religieux. Leur mission est loin d'être terminée. En effet, comme dans la plupart des pays africains, les périodes d'élections sont réputées être des moments de turbulences. Quelle situation réserve les élections de 2015 ?

---

[1] Terre solidaire. Soyons les forces du changement. Le refus de l'instrumentalisation des religions par les politiques [en ligne]. 10 octobre 2012. Disponible sur «https://ccfd-terresolidaire.org/nos-publications/edm/2012/268-septembre-octobre/vatican-ii-quand-l/le-refus-de-l-4185». [Consulté le 08 avril 2021].

[2] La libre internationale. Affrontements armés interethniques à Agboville [en ligne]. 28 janvier 2003. Disponible sur «https://www.lalibre.be/international/affrontements-armes-inter-ethniques-a-agboville-51b87c71e4b0de6db9a82fba». [Consulté le 08 avril 2021].

La crise postélectorale de 2010 a rendu l'expérience missionnaire des leaders religieux plus mature. Malgré le jeu des politiciens sur la fibre religieuse, la catastrophe a été évitée de justesse. La guerre interreligieuse n'a pas eu lieu. La cohésion sociale et la paix sont désormais les précieux patrimoines du pays sur lesquels les leaders religieux sont unanimes.

Certes, les relations de certains leaders religieux avec les politiciens paraissent ambiguës et complexe. Il existe souvent de vraies connexions entre certains, mais aucun des religieux ne veut troquer sa mission au bon vouloir du politique. Aussi au-delà du rôle du politique, il y a naturellement l'individu qui manifestement a un souci spirituel. Il est parfois en quête du sacré comme une ressource de motivation inévitable pour la gestion des choses publiques. De telles situations aident à comprendre le rôle complexe du leader religieux.

Le FNCR-CI, au-delà des caravanes de la paix, appréhende la question de la liberté religion et de culte comme un point sensible à la cohésion sociale. En effet, dépendante de la législation fondamentale de la Côte d'Ivoire, elle proscrit la discrimination religieuse en matière d'emploi.[1] En elle, transparait de façon formelle la perspective de la tolérance religieuse et conditionne la parfaite unité nationale ainsi que la volonté sans faille de s'inscrire à l'idée de la réconciliation nationale. Dans cette perspective, le FNCR-CI mène des démarches auprès du politique pour que le respect de la religion devienne une réalité. Par le fait même l'interdiction de tout propos qui encourage la haine religieuse soit écartée de l'environnement sociopolitique.[2]

Par ailleurs, les leaders religieux dans leur souci commun du bien-être social, développent un unique sentiment. Manifestement, le cas de l'attaque terroriste du 13 mars 2016[3] est aussi édifiant. Malgré le slogan ¨Alla Akbar¨ émis par les criminels pour marquer leur attachement à la religion musulmane et les crimes perpétrés (vingt-deux (22) victimes et plusieurs blessés) n'a pas impacté l'unité des leaders religieux. En ce sens que :

«Le conseil Supérieur des Imams en Côte d'Ivoire (COSIM) représentant la communauté musulmane, la Conférence des Evêques Catholiques de Côte d'Ivoire, une organisation de l'Eglise catholique, etc. ont unanimement condamné cette attaque terroriste de Grand-Bassam. En outre, ces organisations, en déplorant dans leur déclaration

---

[1] Présidence de la République de Côte d'Ivoire. Constitution 2016. Article 49 [en ligne]. 2016. Disponible sur «https://www.presidence.ci/constitution-de-2016/». [Consulté le 08 avril 2021].

[2] Rapport 2016 sur la liberté religieuse internationale en Côte d'Ivoire [en ligne]. 2016. p.1. «https://ci.usembassy.gov/wp-content/uploads/sites/29/2016_FR_IRF_Report.pdf». [Consulté le 09 avril 2021].

[3] Côte d'Ivoire. Fusillade sur une plage de Grand-Bassam en Côte d'Ivoire fait 16 morts [en ligne]. Le 13 mars 2016. Disponible sur «https://www.france24.com/fr/20160313-cote-ivoire-fusillade-une-plage-touristique-grand-bassam-deux-mort-moins». [Consulté le 21 avril 2021].

cette attaque, elles ont manifesté leur compassion, leur proximité en faveur de tous les compatriotes, des blessés et de toutes les victimes.»[1]

Au regard de ce triste évènement, les communautés se sont unies davantage pour compatir à la douleur nationale. Aucun sentiment de doute et de suspicion n'a été observé au contraire sur personne. Cependant, une rencontre entre les différentes entités religieuses a été organisée pour œuvrer dans le sens de la paix :

«Le Forum National des Confessions Religieuses a tenu une conférence sur la paix une semaine après l'attaque, avec la participation des chefs religieux musulmans, catholiques, protestants, bouddhistes et de adventistes du septième jour. Un porte-parole et membre du Conseil National Islamique a affirmé lors de la conférence qu' «aucune religion ne doit conduire un individu à tuer ses semblables.» Dans le cadre de la journée de deuil national en mémoire des personnes tuées lors de l'attaque terroriste de Grand-Bassam, observée une semaine après l'attaque, le gouvernement a organisé une cérémonie publique interconfessionnelle à laquelle le Président et la première dame ont pris part. Au cours de cette cérémonie, un prêtre et un imam ont dit des prières, et un prêtre traditionnel a fait une offrande.» [2]

Les représentants des religions au sein du Forum National des Confessions Religieux ont joué un rôle pacificateur dans le pays. La qualité de leur solidarité ne faiblit pas, mais plutôt gagne en efficacité chaque fois qu'une situation met en péril la quiétude de la population. Par ailleurs, la conférence des évêques catholiques de Côte d'Ivoire n'a cessé de son côté d'apporter sa contribution pour la normalisation du climat sociopolitique par des actions ponctuelles. Notre étude serait taxée d'insuffisant si nous n'accordions pas une réflexion aux travaux de cette entité.

3.3.2. La Conférence Episcopale des Evêques Catholique de Côte d'Ivoire (CEECCI)

Il est évident que les évêques catholiques s'inscrivent dans les démarches du Forum National des Confessions Religieuses de Côte d'Ivoire (FNCR-CI). En tant que témoins des drames, ils disposent leurs propres canaux spécifiques pour résoudre les préoccupations de la société. Leurs médiations paraissent incontournables pour décrisper l'atmosphère ivoirienne. En lien avec les actions du FNCR-CI, la crise a perdu considérablement sa nocivité.

Nous nous proposons de présenter quelques extraits des activités des évêques. Sans vouloir porter de commentaires exhaustifs au risque de tronquer leur intention première, nous voudrions uniquement les mettre en évidence. Cette démarche permettra de mieux établir une connexion avec l'ensemble des actions des religieux de toutes les tendances. Elle permettra également de comprendre approximativement leurs effets vis-à-vis de l'ampleur de la crise et la conduite de la

---

[1] TOA, Jules Evariste Agnini. «Les technologies médiatiques dans le traitement de la crise de Grand-Bassam en Côte d'Ivoire», Communication Technologie et Développement, 2008, n°5, Disponible «surhttps://journals.openedition.org/ctd/354». [Consulté le 08 avril 2021].

[2] Rapport 2016 sur la liberté religieuse internationale en Côte d'Ivoire [en ligne]. 2016, p. 4-5. «https://ci.usembassy.gov/wp-content/uploads/sites/29/2016_FR_IRF_Report.pdf». [Consulté le 08 avril 2021].

population. Pour bien mener cette démarche, nous regroupons leurs travaux en deux parties : les faits et les actions. Les faits déterminent les causes de la crise. Quant aux actions, elles expriment toutes les contributions des Pères évêques pour résoudre la crise ivoirienne. Suite à ces présentations, nous développerons la portée de leur attente.

3.3.2.1. Les faits : les causes selon les évêques

Au sujet des faits, nous attendons décrire la situation telle que présentée par les évêques. Dans la perspective d'une démarche chronologique prenant en compte l'adresse à la nation, le contexte sociopolitique et l'appel à la conscience, nous mettrons en évidence leurs constats. Notre intention est de ressortir leur pertinence dans l'espace ivoirien.

3.3.2.1.1. *Adresse à la nation 2003* [1]

Le contexte sociopolitique ivoirien a suscité dans le milieu de l'épiscopat catholique ivoirien une prise de position depuis leur sortie à la 75ème assemblée plénière. En date du 13 février 2003, ils ont fait un communiqué à l'endroit des hommes politiques et à toute la communauté internationale.

Auparavant, une prise de contact ayant été entreprise, la situation n'a connu aucun dénouement. Ils reviennent à la charge pour situer les responsabilités :

> « - *Nous nous sommes adressés à vous pour vous livrer notre analyse de la présente crise et vous proposer une voie de sortie susceptible de consolider la paix sociale que nous recherchons tous. Aujourd'hui c'est un véritable cri d'alarme que nous voulons lancer non seulement aux partis politiques ivoiriens, à la nation mais aussi à la communauté internationale.»* [2]

Les évêques avec objectivité, définissent les responsabilités en ces termes :

> *«Nous constatons que notre pays est l'objet d'un complot national et international sans précédent ; il est pris en otage aussi bien par les forces politiques nationales que par la communauté internationale. Les autorités politiques, avides du pouvoir, le recherche coûte que coûte et par tous les moyens ; quant à la communauté internationale, elle use de violences et d'astuces pour s'emparer du pays.»* [3]

A l'endroit des politiques ivoiriens, les évêques leur imputent la responsabilité d'être à la base de la décadence avancée du pays. Leurs observations se traduisent en ces termes *: «On a la nette impression que vous jouez avec l'avenir du pays si bien qu'à certains moments, nous nous interrogeons : «nos leaders politiques aiment-ils vraiment ce pays qu'ils veulent servir ?»* Pour rendre

---

[1] La Conférence Episcopale de Côte d'Ivoire. Adresse à la nation à ses hommes politiques et à toute la communauté internationale : Assemblé plénière. Abengourou, 23 février 2003, 4 p.

[2] La Conférence Episcopale de Côte d'Ivoire. *Adresse à la nation à ses hommes politiques et à toute la communauté internationale*, p. 1.

[3] *Ibidem,* p. 1.

compréhensibles leurs impressions, ils se justifient par un exemple qui ne passe pas inaperçu à personne :

> *«Le Forum National pour la réconciliation dont le but était porteur d'espérance, fut, nous semble-t-il, une mise en scène par des chefs de partis politiques. Qu'en est-il réellement de cette réconciliation nationale tant souhaitée et tant recherchée ? N'ayons pas honte de le dire, ce Forum a été de ce point de vue un échec, car la situation présente est pire que celle d'avant ce Forum pour la réconciliation.»* [1]

En partie, la responsabilité de cette situation de crise incombe au pouvoir en place. En effet, conformément à la constitution en vigueur (2000) qui stipule que : *«Le candidat à l'élection présidentielle doit être âgé de quarante ans au moins et de soixante-quinze au plus. Il doit être ivoirien d'origine, né de père et de mère eux-mêmes ivoiriens d'origine. Il doit n'avoir jamais renoncé à la nationalité ivoirienne. Il ne doit s'être jamais prévalu d'une autre nationalité.»*[2] De cette précision, il s'avère inadmissible qu'un non ivoirien assume la charge de responsable d'une formation politique. Ainsi, les évêques légifèrent sur ledit principe de manière formelle :

> *«S'il n'y a pas de vérité, il ne peut y avoir de repentance. Or sans repentance, il n'y a pas de réconciliation. Le Forum a mis en lumière la faiblesse de nos forces ; le cas de Monsieur Alassane Dramane OUATTARA en est une illustration patente : si cet homme est ivoirien, pourquoi vouloir l'écarter de la vie politique ivoirienne ? S'il ne l'est pas, pourquoi lui permet-on de diriger un parti ivoirien ? De plus, on en arrive à le compter parmi les quatre grands leaders de la vie politique ivoirienne. Où est la vérité ?»*[3]

De cette perception, s'ajouter le mystère qui entoure les tentatives de coups d'Etats (2002) sans jamais connaitre les vrais commanditaires. Pour toutes ces légèretés, les pasteurs propres des Eglises locales se resoudent à dire que : *«Aujourd'hui force est de reconnaître que nous avons de solides raisons de douter réellement de votre bonne foi et de votre sincérité, nous doutons de votre désir de servir ce pays.»*[4] Apparemment le contexte sociopolitique ne semble pas être de l'inédit pour les évêques. Ils indiquent le caractère machiavélique et l'attitude pernicieuse de la communauté internationale. En effet, ils constatent avec netteté que :

---

[1] La Conférence Episcopale de Côte d'Ivoire. *Adresse à la nation à ses hommes politiques et à toute la communauté internationale*, p. 1.

[2] Constitution ivoirienne du 23 juillet 2000. Loi n° 2000-513 du 1er août 2000 portant constitution de la Côte d'Ivoire. Titre III. Du Président de la République et du gouvernement. Article 35. §. 2,3,4,5. De 2000 [en ligne]. Disponible sur «http://www.unesco.org/education/edurights/media/docs/ea778cb20fbdd7a77fe62ae0c85bbd87c0757abd.pdf». [Consulté le 11 avril 2021].

[3] La Conférence Episcopale de Côte d'Ivoire. *Adresse à la nation, à ses hommes politiques et à toute la communauté internationale, Op. Cit.,* p.1

[4] *Ibidem*, p.1.

«Cette communauté a, au contraire profité des fissures causées par les douloureux événements actuels pour entrer dans le jeu, sans pitié. - Les banques et autres organisations internationales quittent le territoire pour s'installer ailleurs et assister de loin à ce qui va se passer ; des ambassades ont fermé ; des populations étrangères évacuées d'abord des zones assiégées, ont reçu l'ordre de quitter le pays. Ce projet semble avoir été conçu depuis longtemps. Sinon, pourquoi donc cette délocalisation de ces institutions internationales très peu utilisée ailleurs dans le monde ? - A-t-on le droit de livrer tout un peuple à l'abattoir en fournissant des armes à une partie de sa population transformée en rebelles et soutenue dans sa révolte et ses revendications par des alliés?»[1]

La responsabilité de la communauté internationale dans la révélation des évêques ivoiriens nous semble pertinente. Toutefois, cette insistance ne restera pas sans une précédente projection. Ce qui nous amène à nous interroger sur l'attitude selon laquelle : celui qui a su ce qui s'est passé, ignorera-t-il ce qui adviendra ? La Conférence Episcopale objecte à l'avenir toute parodie de bonne conscience de ladite communauté internationale en ces termes :

«Il ne sert à rien de laisser détruire des vies humaines et d'entreprendre plus tard des enquêtes pour des révélations, des procès et des condamnations, autres formes de mise en scène. Les enquêtes, c'est maintenant qu'il faut les mener pour déceler les origines du danger. Les tractations sournoises, c'est maintenant qu'il faut les désamorcer, les dévoiler, les dénoncer et les sanctionner publiquement.»[2]

Par ailleurs, à l'endroit de la population, notamment aux belligérants, les évêques leur rappellent que le ¨dialogue¨ est ce qui caractérise les ivoiriens dans leur ensemble. Qu'ils acceptent de dialoguer comme la Côte d'Ivoire en a préconisé aux nations en conflits.[3]

3.3.2.1.2.   Le contexte sociopolitique 2004

La période de 2004 a été pour les Pères évêques une autre période d'observation. Leur regard porté sur l'évolution de la situation leur fait savoir l'inconcevable. Une fois encore ils se prononcent pour fustiger la conduite inacceptable de certaines formations : *«Le vote des lois commencé, n'est pas encore achevé. Le désarmement tant souhaité n'est toujours pas effectif. On apprend même que les différentes forces accroissent leurs équipements. Ainsi le grand espoir suscité par le retour à la paix cède la place à une angoisse généralisé.»[4]* La crise du côté des politiques reste sans issue. Pendant ce temps, les évêques font de leur

---

[1]La Conférence Episcopale de Côte d'Ivoire. *Adresse à la nation, à ses hommes politiques et à toute la communauté internationale, Op. Cit.,* p.1.

[2] La Conférence Episcopale de Côte d'Ivoire. *Adresse à la nation à ses hommes politiques et à toute la communauté internationale. Ibidem,* p. 3.

[3] La Conférence Episcopale des Evêques Catholique de Côte d'Ivoire. *Appel à l'apaisement et au dialogue :* Assemblé plénière, Abidjan, 14 octobre 2002, p. 1.

[4] La Conférence Episcopale des Evêques Catholique de Côte d'Ivoire. *A propos du contexte sociopolitique :* Assemblé plénière, Yamoussoukro, 23 octobre 2004. p. 1.

mieux pour décrisper le climat social. Mais, la population elle-même n'est pas innocente. L'analyse du contexte laisse entrevoir que :

> *«Ces mêmes agitations, nous les retrouvons dans différents secteurs de la société : grève des planteurs de café et de cacao, remous chez les transporteurs, menace d'expulsion des étudiants affectés par l'état dans les Etablissements Supérieurs Privés, mécontentement à la Mutuelle Générale des Fonctionnaires, augmentation inattendue et exagérée du prix du carburant...»* [1]

A l'évidence, de tels agissements démontrent que la situation est bien critique.

3.3.2.1.3. Appel à la conscience 2006

Plus tard en 2006, le scandale des déchets toxiques,[2] confirme le niveau d'inconscience dont certaines personnes font preuve pour plonger le pays dans le chaos. Les évêques pour leur part ne dissocient pas cet acte ignoble au projet de déstabilisation entamé depuis le début de la crise. Dans la posture d'éveilleurs de conscience, ils interpellent une fois encore les autorités politiques en ces termes : *«La politique ne doit pas perdre de vue sa dimension communautaire de recherche de bien commun ou public. Le peuple doit être le premier servi et respecté. C'est en vue de son bien-être que l'on est élu et que l'on travaille dans le domaine politique.»*[3] De la sorte, c'est tout le pays qui est déboussolé.

Les évêques de très près ont présenté quelques raisons pour lesquelles le pays est sous le point de sombrer. Les différentes couches sociales ont été avisées. Mais, leur détermination pour sortir ce pays de son enlisement total les a poussés à redoubler d'effort en adoptant la stratégie d'indiquer l'attitude idoine à adopter. Nous portons notre regard sur les procédures qu'ils ont inculquées à l'ensemble de la population pour les aider à éviter le pire. En d'autres termes quelles actions les Pères mettent en contributions pour résoudre la crise ivoirienne ?

3.3.2.2. Les actions contributives des évêques

Depuis le début des hostilités, les évêques ont activement contribué à la recherche des solutions pouvant décanter la situation trouble du pays. Sans pouvoir les mettre toutes en référence, nous nous contenterons d'un minimum : l'appel au

---

[1] Conférence Episcopale des Evêques Catholique de Côte d'Ivoire. *A propos du contexte sociopolitique.* Cit. p. 2.

[2] Le scandale des déchets toxiques remonte au 19 août 2006. La compagnie Trafigura a déversé une quantité de 540.000 litres de déchets toxiques dans divers sites de la ville d'Abidjan. Les conséquences en vie humaines fut déplorable. En effet, plus de 100.000 personnes ont été fortement foudroyées par la toxicité élevée de ce déchet. Toutes les victimes ont eu recours aux soins médicaux et les moins chanceuses (15) en sont mortes. Les symptômes occasionnés sur les victimes étaient multiples (des vertiges, des troubles respiratoires, des vomissements, etc.) Cf. Actualité. Déchets toxiques : 10 ans après, les victimes restent abandonnées [en ligne]. 19 août 2006. Disponible sur «https://www.amnesty.be/infos/actualites/article/trafigura-ne-se-repent-nullement-10-ans-apres-le-deversement-de-dechets?gclid=EAIaIQobChMIverX47H57wIVFNZ3Ch3qQwrGEAAYASAAEgL8wfD_BwE». [Consulté le 11 avril 2021].

[3] La Conférence Episcopale des Evêques Catholique de Côte d'Ivoire. *Appel à la conscience* : Assemble plénière, Yamoussoukro, 14 septembre 2006. p. 2.

retour des valeurs morales religieuses et spirituelles, le message à l'occasion des prochaines élections, les derniers évènements.

3.3.2.2.1. *Retour aux valeurs morales, religieuses et spirituelles (2005)* [1]

Le retour à la paix passe par une prise de conscience de certaines attitudes. Pour les évêques, les valeurs morales religieuses et spirituelles sont délaissées. La Côte d'Ivoire ne peut prétendre à un redressement normal de la situation si ces dispositions ne sont pas observées. A cet effet, ils interpellent toutes les couches sociales à une redécouverte de leur état de vie et à une réappropriation de ces valeurs. S'appuyant sur la disposition selon laquelle en tout homme, la conscience d'une loi lui dit ce qu'il doit obéir ou pas,[2] les pasteurs touchent chaque corps de la société pour montrer la conduite à suivre.

Aux politiques,[3] ils recommandent un dialogue franc et sincère nécessaire entre eux. Les jeunes gens devront avoir la foi en eux-mêmes. Et surtout ils ne devront pas se laisser aduler par les politiciens sans valeur morale qui les utilisent sans jamais se pencher sur leur situation réelle. Au risque de se faire taxer par la suite de casseurs, pilleurs, d'agresseurs voire de bandits, ils doivent renoncer à la culture de la violence.[4]

Aux soldats et aux corps paramilitaires, les pasteurs sacrés n'ont pas hésité à décrier de leur côté le fléau qu'est la corruption. Celle-ci est à la base de la gangrène qui ronge le pays. Pour eux, il leur est demandé d'éviter tout comportement qui ne les honore pas, tel que le racket et de s'en tenir à leur solde.[5] Tout en reconnaissant aux hommes de média, leur importance et leur rôle sans failles, les Pères évêques leur recommandent de diffuser des informations vraies, justes et objectives dans l'unique but d'informer et d'éduquer les populations.[6] Les croyants et les hommes de bonne volonté dont la conduite éclaire les autres, un dépassement de soi est recommandé. Mus par la foi commune au Dieu créateur, ils sont exhortés aussi à travailler pour bâtir ce pays dans la crainte de Dieu et le respect de la vie humaine. Par ailleurs, ils ne devront pas aussi ignorer la sagesse des ancêtres et surtout là celle de Dieu.[7]

En ce qui concerne la communauté internationale, les Pères évêques lui rappellent qu'aujourd'hui, certes, aucun pays si grand soit-il, ne peut se passer des autres. Ainsi, leur relation avec les pays en voie de développement doit être empreinte de justice, de vérité, de cordialité et de réciprocité.[8] Quant aux non

---

[1] IDEM, *Appel au retour aux valeurs morales, religieuses et spirituelles :* Assemblée plénière, Daloa, 17 au 23 janvier 2005, 4 p.

[2] *Gauduim et Spes* n° 16 § 1.

[3] *Ibidem*, p.1.

[4] La Conférence Episcopale des Evêques Catholique de Côte d'Ivoire. *Appel au retour aux valeurs morales, religieuses et spirituelles :* Assemblée plénière. *Ibidem.* p. 2.

[5] La Conférence Episcopale des Evêques Catholique de Côte d'Ivoire. *Appel au retour aux valeurs morales, religieuses et spirituelles :* Assemblée plénière. *Op. Cit.*, p. 2.

[6] *Ibidem*, p. 3.

[7] *Ibidem.*

[8] *Ibidem.*

nationaux, la seule chose qui leur est demandée c'est de se garder de s'immiscer dans les affaires internes de l'Etat qui les accueille.[1]

3.3.2.2.2.   Conduite à tenir pour les élections futures (29 novembre 2009)[2]

A l'approche des élections de 2010, l'espoir d'un lendemain radieux pour les ivoiriens se fait de plus en plus incertain. La peur transcende leur pensée. A la vue des accords de paix non respectés en l'occurrence le désarmement, et les conditions d'élections floues (une Commission Electorale Indépendante «CEI» non consensuelle), les évêques font montre de sagesse divine pour exhorter le peuple ivoirien. Au sommet de leur responsabilité de messagers de paix, ils déterminent quelles attitudes devront adopter la population pour éviter les évènements apocalyptiques des élections présidentielles africaines. A chaque corps social, un message de bonne conduite est adressé dans un langage paternel, d'amour et d'optimisme. Nous nous proposons de faire l'économie du contenu de ces massages. En effet, nous les percevons comme étant une réactualisation et une amplification de l'invitation au retour aux valeurs, morales, religieuses et spirituelles que nous avons traité au paragraphe précédent.[3]

Par ailleurs, à l'orée des élections présidentielles, le pays fait face à une situation d'antagonisme et de violence. Les évêques sont motivés à revenir à la charge pour adresser un message de compassion et de paix.

3.3.2.2.3. Les derniers évènements et l'invitation à la paix en 2010[4]

Les évêques de Côte d'Ivoire, à neuf (9) mois des élections de 2010, se rendent davantage compte de la dégradation de la paix. Malgré les différents messages de paix adressés à l'ensemble de la population, aucune amélioration n'a été observée. La fissure sociale devient de plus en plus béante. Aux politiques, l'Eglise par l'entremise de la CEI adresse un message en ces termes : *«Ces derniers temps, des dysfonctionnements survenus à la CEI ont entrainé la dissolution de cette institution, ainsi que celle du gouvernement par le chef de l'Etat. Ce qui a suscité des contestations à travers des actes de violence : destruction de biens publics et privés. On note malheureusement une fois encore des pertes en vie humaines.»*[5] L'Eglise, de la sorte, ne s'ingère pas dans le débat politique. Mais, elle appelle tous les hommes à recentrer leur ambition de construire une société de paix.

Une fois encore, l'Eglise recadre les ambitions de chacun à ne pas détruire ce qu'ils ont bâti ensemble.

---

[1] *Ibidem.*

[2] Conférence Episcopale des évêques Catholique de Côte d'Ivoire. *Message à la nation ivoirienne à l'occasion des prochaines élections* : Assemblée plénière, Abidjan, 29 novembre 2009, 10 p.

[3] Comme nous l'avons développé à la page 108. N° 3.3.2.2.1. Retour aux valeurs morales, religieux et spirituelles.

[4] Conférence Episcopale des évêques Catholique de Côte d'Ivoire. *Déclaration sur les derniers évènements* : Assemblée Générale Extraordinaire. Yamoussoukro. Du 22 au 23 février 2010. 2 p.

[5]*Ibidem*, p. 1.

Aux leaders politiques, elle les invite à avoir le sens de la responsabilité, de l'abnégation et de l'amour pour le peuple surtout dans leur désir de servir le pays.[1] A tous les habitants de la Côte d'Ivoire, les évêques demandent de rechercher l'unité, la cohésion et de cultiver l'esprit de fraternité vraie. Dans cette crise chacun gagnerait à se concentrer sur la paix.[2]

La perspective par laquelle l'Eglise agit pour apporter sa contribution aux différentes couches de la société détermine le cadre de sa mission. Lorsque les conditions de réaliser une communauté politique heureuse sont remises en cause dans la cité, en tant que mère et éducatrice, l'Eglise se sent le devoir de rappeler tous à l'ordre. A ses ouailles et aux hommes de bonne volonté, elle préconise la nécessité de se recentrer sur les valeurs de transcendance susceptibles de fonder une vraie fraternité entre les hommes.

3.3.2.3. Regard analytique de quelques apports des évêques de Côte d'Ivoire

L'épiscopat ivoirien se fait sensible de la situation sociopolitique du pays. Depuis les débuts des crises politiques en Côte d'Ivoire, il s'est fréquemment dressé en éclaireurs et en artisans de paix :

> *«Remplissant la charge d'enseigner et d'instruire au nom de Dieu, nous estimons qu'il est de notre devoir, de vouer nos préoccupations et nos énergies à promouvoir ce bien commun universel qu'est la paix. Mais la paix n'est pas un mot vide de sens, si elle n'est pas fondée sur un ordre qui repose sur la vérité, se construit selon la justice, reçoit de la charité sa vie et sa plénitude, et enfin s'exprime efficacement dans la liberté.»* [3]

Ici l'opiniâtreté des évêques se focalise sur le contenu des mots en occurrence la paix, laquelle n'est que le fruit d'un ensemble d'attitudes et de principes à observer. La paix synonyme de réconciliation, n'est pas un vain mot. Elle prend sa source dans l'être profond de l'homme. C'est une prise de conscience qui émerge au-dessus de l'égoïsme tapi dans le cœur de l'homme. Elle vient progressivement, sans interruption soigner les rapports entre les hommes. La démagogie des gouvernants au travers de leurs discours doit être bannie pour que leurs visions politiques aient de la consistance et se reposer sur des actions précises. C'est par cet effort qu'on arrive à surmonter les obstacles qui obstruent la voie de la promotion de l'homme et de tous les hommes. Ces obstacles se traduisent par l'absence de la conscience professionnelle, la subordination des intérêts publics et privés, le sens du bien commun, un développement individuel qui ne figure pas dans la vision de l'ascension de groupe. Une multitude de facteurs qui entravent la paix ou la réconciliation. Face au ¨refus¨ d'aller à la paix, les évêques de Côte d'Ivoire ne s'adressent pas uniquement aux leaders politiques. Ils exhortent également l'ensemble de la population nationale à un changement de comportement. Comme

---

[1] *Ibidem.*

[2] *Ibidem,* p.2.

[3] Conférence des évêques de Côte d'Ivoire. *Promouvoir la paix par le respect de la loi et des libertés* : Conseil permanant, Korhogo, 19 novembre 2015, p. 2.

un refrain qui doit sans cesse retentir dans l'esprit de tous, toutes les occasions de rassemblement sont des aubaines pour les évêques d'interpeller à nouveau chacun. Ainsi, dans son homélie, lors du cent vingt cinquièmes anniversaires de l'Eglise de Côte d'Ivoire le Cardinal rappelle aux ivoiriens :

> *«Le développement humain intégral que nous appelons de tous nos vœux ne peut s'obtenir qu'au prix des efforts conjugués de tous. Ces efforts devront porter essentiellement à l'avenir sur la vérité à dire en tout temps et quoique cela puisse nous coûter, sur la miséricorde à accorder dans la justice et le pardon à quiconque nous sollicitera dans ce sens, car en vérité, la miséricorde et le pardon sont la condition sine-qua-non pour aboutir à la réconciliation qui offre le cadre et dresse le lit pour le développement humain intégral.»* [1]

Ce message vise tout le monde. Pour l'épiscopat, les chrétiens sont les plus concernés. Non pas qu'ils sont forcément les responsables des troubles ou des obstacles de la réconciliation, mais parce qu'ils sont envoyés par l'Eglise comme missionnaires de paix, de réconciliation au sein de leurs communautés, au sein de leurs quartiers respectifs. C'est à eux de dire la vérité quand il le faut. Parfois on s'attarde au dicton : ''Toute vérité n'est pas bonne à dire''. Cette manière d'agir ne résout pas le problème mais le laisse en suspens. A la longue, la situation devient pire qu'auparavant. Cependant, pour des personnes comme Vladimir JANKELEVITCH :

> *«Toute vérité n'est pas bonne à dire; on ne répond pas à toutes les questions, du moins on ne dit pas n'importe quoi à n'importe qui; il y a des vérités qu'il faut manier avec des précautions infinies, à travers toutes sortes d'euphémismes et d'astucieuses périphrases ; l'esprit ne se pose sur elles qu'en décrivant de grands cercles, comme un oiseau.»* [2]

En Côte d'Ivoire en particulier, tout comme généralement en Afrique, grâce au principe que nous qualifions d'''ainéisme''[3] «droit d'ainesse», principe au nom duquel l'ainé à toujours raison, certaines crises restent non résolues. Pour l'épiscopat ivoirien, les chrétiens sont invités à poser des actes concrets très élevés. Pétris par la ferme volonté de servir, ils devront se mettre au-dessus de leurs propres intérêts pour s'intéresser à ceux de l'intérêt national. Les Pères évêques, s'inspirant de la pratique chrétienne de la réconciliation et du pardon, donne de savoir que c'est chacun qui s'accuse en ces termes ''Mea culpa, mea culpa, mea maxima culpa''. Ici l'intouchable n'est personne, sinon l'unique et miséricordieux sauveur le Père de tous. Au nom de l'intérêt général c'est la vie qui est recherchée et rien d'autre. Dans son adresse à la nation, le Cardinal en appelait à ne jamais baisser les bras quand il s'agit d'œuvrer pour la paix. Sachant que :

---

[1] Société. Célébration des 125 de l'Eglise de Côte d'Ivoire, Message du Cardinal KUTWA Jean Pierre Archevêque métropolitain d'Abidjan [en ligne]. Le 25 janvier 2021. Disponible sur «https://news.abidjan.net/h/686743.html». [Consulté le 18 févier 2021].

[2] JANKELEVITCH, Vladimir. «Vérité-Ethique.» Philosophie. 1964. p. 51. Disponible sur «http://www.ac-grenoble.fr/PhiloSophie/logphil/textes/textesm/jankel1m.htm». [Consulté le 18 février 2021].

[3] L'''aïnisme'' est un le principe dans le milieu traditionnel ivoirien qui attribut tout avantage à l'ainé ou aux personne âgées. Au nom de ce principe l'enfant ou le cadet a toujours tort ou sa raison est voilée dans les règlements de conflits.

«*Le chemin qui mène à la paix est et sera toujours long et difficile. Les archevêques et évêques de Côte d'Ivoire encouragent les ivoiriens à continuer inlassablement à œuvrer pour la paix qui ne doit pas être considérée comme simple silence des armes. Pour eux, la paix suppose une justice vraie et équitable dans la gestion des personnes et la juste redistribution des richesses de ce pays. Une paix en toute vérité et sincérité sans compromission c'est la voie pour l'avènement d'une Côte d'Ivoire nouvelle.*» [1]

Cette directive des Pères évêques est percutante pour conduire à la solution d'une nation pacifiée et réconciliée. Leur appel à la réconciliation est sincère. Tous les concepts nécessaires (la paix, la vérité, la justice, etc.) pour motiver le peuple à aller réconciliation ont été explorés. Mais, la fracture sociale est à l'état initial. Le constat que l'on peut faire est simple. C'est que seulement ¨la justice des vainqueurs¨[2] qui peut favoriser une telle situation. La politique d'une telle justice consiste à ¨diviser pour mieux régner¨. On comprend alors les Pères évêques lorsqu'ils invitent à la patience : «*Le chemin qui mène à la paix est et sera toujours long et difficile.*» [3]

3.4. Conclusion du troisième chapitre

La réconciliation est un des maîtres mots qui caractérise la nature de toute religion. Le christianisme s'en fait une mission à partir du sacrifice suprême de son chef, le Christ Jésus. Sa mort sur la croix a pour objectif de : «*Rassembler dans l'unité les enfants de Dieu dispersés.*» (Jn 11, 52) La fracture sociale ivoirienne a permis aux différentes communautés religieuses de s'engager activement pour redorer l'unité de la population.

Partant des actions isolées, chaque communauté religieuse a apporté sa pierre à la construction de «La maison commune». Dans les Eglises locales, la réconciliation a suscité l'engagement de plusieurs mouvements notamment les CEB, le renouveau charismatique dans les paroisses et les homélies et pèlerinages au niveau des diocèses. La communauté musulmane pour sa part, s'est faite remarquer également par d'importantes initiatives. Elle enseigne de ne pas attendre seulement de recevoir le pardon de l'autre mais de faire le ¨premier pas vers le pardon¨. De multiples conférences publiques ont soutenu les actions vers la réconciliation.

Les Eglises Méthodistes Unies et Protestantes Méthodistes, à travers les cultes d'actions de grâces, de prières, et de conférences ont montré leur engagement à soutenir le projet d'une Côte d'Ivoire unie pour le défi de la promotion sociale.

---

[1] Vatican News. Côte d'Ivoire : Messe conclusive pour les 125 de l'évangélisation. «Œuvrer pour la paix la justice et la réconciliation». [En ligne]. 27 janvier 2021. Disponible sur «https://www.vaticannews.va/fr/afrique/news/2021-01/cote-d-ivoire-messe-conclusive-des-125-ans-de-l-evangelisation.html». [Consulté le 18 février 2021].

[2] Amnesty International. Côte d'Ivoire : «la Justice des vainqueurs.» [En ligne]. Le 07 septembre 2015. Disponibles sur «https://www.humanite.fr/cote-divoire-la-justice-des-vainqueurs-583089». [Consulté le 19 février 2021].

[3] Vatican News. Côte d'Ivoire : Messe conclusive pour les 125 de l'évangélisation.

L'Episcopat ivoirien et le Forum National des Communauté Religieuses, sans jamais baisser la garde depuis le déclenchement de la crise, ont démontré par leur solidarité que leur mission de paix est au-dessus des intérêts du politique. Grâce à leur détermination sans faille, la guerre interreligieuse a été in extremis déjouée.

S'il s'avère que la catastrophe a été épargnée, la réconciliation engagée ne semble pas arrivée à terme, parce que les stigmates sont profonds. La pénibilité de la vie pour la majorité de la population est un facteur qui handicape le processus de la réconciliation.

8. Conclusion générale

«Réconciliation nationale et Action pastorale en contexte post-conflit», tel est l'intitulé de notre travail.

Le désir de vouloir unir le peuple ivoirien nous a conduits à rechercher les causes profondes et leurs contextes sociopolitiques afin de proposer des pistes de sortie de la crise conflictuelle en Côte d'Ivoire.

L'analyse des faits historiques et le contexte géopolitique du pays nous laisse penser que la crise ivoirienne n'est pas une fatalité. En effet, bien au-delà de l'indépendance et plus tard, les périodes de prospérité du pays, le peuple ivoirien s'est forgé une unité nationale inclusive. Les populations des pays limitrophes ont vu, en la Côte d'Ivoire, les caractères pacifiques, hospitaliers et le cadre idéal pour prospérer. Les cultures traditionnelles, malgré leur nombre impressionnant, offrent des valeurs adéquates du "vivre ensemble". Cependant, le jeu politique n'a pas toujours suivi la démarche des cultures traditionnelles. Ainsi, l'avènement du multipartisme a engendré les divisions et l'horreur de la guerre.

Dans le deuxième chapitre, nous avons observé que les troubles occasionnés par le jeu politique ivoirien ont suscité des démarches de réparations. Une Commission Dialogue Vérité et Réconciliation (CDVR) a été initiée pour colmater les brèches sociales. Si le Président Charles Konan BANNY de ladite Commission a établi un rapport de fin de mission ; il faut retenir aussi que, selon ce rapport des collisions sont survenues entre cette institution et le pouvoir politique. Ces imperfections ont mis en mal le bon fonctionnement de la CDVR. A cela, s'ajoute le manque d'intérêt des partis politiques d'oppositions. Ils déterminent le projet de la création de la CDVR comme une initiative unilatérale qui n'engage que son auteur. Dès lors, nous percevons "la faiblesse" de l'activité de cet instrument de paix nationale. En revanche, nous avons compris que les valeurs culturelles traditionnelles ivoiriennes, avec leur mécanisme de règlement de conflit, ont joué le rôle d'apaisement au sein de chaque groupe ethnique.

Comme mentionné dans le troisième chapitre, les communautés religieuses ne sont pas restées spectatrices de la situation délétère du pays, individuellement comme collectivement, elles ont œuvré dans le sens de l'apaisement. Sans tenir compte de leur divergence de croyance, leur seule préoccupation est de rétablir la paix par le dialogue. Ainsi, depuis les premiers évènements du début du multipartisme, elles ont fédéré leur force dans une unité religieuse dénommée le Forum National des Confessions Religieuses de Côte d'Ivoire (FNCR). En tant qu'éveilleuses de conscience, elles n'ont cessé d'interpeler les leaders politiques et la population en l'occurrence les jeunes qui se constituent en bras séculier de la violence des politiques. Outre le FNCR, la Conférence Episcopale des Evêques Catholique de Côte d'Ivoire (CEECI) a montré son abnégation à multiplier des invitations, des dénonciations, des conseils. Elle a organisé le pèlerinage national à la Basilique Notre de Dame de la Paix de Yamoussoukro.

Le peuple ivoirien retient de son père fondateur, son aspiration profonde pour la ¨paix¨. *«La paix n'est pas un mot c'est un comportement », disait-il ?[1]* Il a voulu instaurer une vision pacifique à son peuple en érigeant la fondation Félix Houphouët BOIGNY placé sous l'égide de l'UNESCO. Un institut de recherche sur les questions de la paix qui a pour siège Yamoussoukro (Côte d'Ivoire). Vouloir une culture de paix, en Côte d'Ivoire, est une nécessité absolue, du fait de sa multiplicité d'ethnies.

Nul ne peut nier que vivre en société c'est accepter d'avoir pour toute personne comme principe fondamental ¨la culture de la paix.¨ Au-delà des divergences d'opinions, la paix reste le seul idéal commun. Sans elle, la société humaine se désintègre et l'individu retourne à l'état de nature. Aujourd'hui encore, l'homme moderne se soucie peu, mieux ignore tant d'efforts et de luttes accomplis durant des siècles pour forger une culture de paix si fragile. Certes, il est évident que l'homme subisse profondément l'effet des catastrophes de tout genre, cependant, s'il retrouve un environnement paisible, sa peine devient un lointain souvenir. En effet, le climat de paix dans lequel il vit, lui offre suffisamment de possibilités pour se reconstruire une nouvelle vie. C'est dire combien de fois la paix est indispensable pour le développement et l'épanouissement de la personne humaine.

La paix est le vecteur principal pour prétendre construire une société civilisée. Toutes les infrastructures ont leur raison d'être parce qu'il y a la paix. Le développement est le nouveau nom de la paix, disait Paul VI.[2] La Conférence Episcopale des Evêques Catholique de Côte d'Ivoire insistent sur le retour aux valeurs morales, religieuses et spirituelles. La paix est aussi un facteur favorable à la coexistence entre les peuples. Grâce à elle, l'imaginaire collectif peut devenir possible. Dans un contexte de paix, l'homme se dote bien de moyens pour réaliser des exploits inimaginables, entre autres la conquête de l'espace. Les ivoiriens ont donc intérêt d'envisager la paix comme leur seconde religion pour entrer dans le concert des nations développées.

Comment y parvenir ? Quelle stratégie développée pour créer les conditions d'une paix durable ? En réalité, la paix durable en Côte d'Ivoire ne pourra être conditionnée de l'extérieur. C'est aux ivoiriens et ivoiriennes eux-mêmes de mettre en place cette condition. A partir de cette étude, nous avons pris conscience d'une part, des valeurs issues du creuset socioculturel des peuples ivoiriens et la détermination des communautés religieuses à œuvrer pour la paix. D'autre part, nous avons perçu que la volonté politique d'unir le peuple semble être un mirage, d'où des collisions intempestives dans le processus de la CDVR. A l'évidence *¨diviser pour mieux régner¨* est favorable aux politiques. Ce qui présage que la paix ne peut venir de la volonté politique. De surcroit, les multiples crises ivoiriennes sont dues à l'indécence du politique à vouloir conquérir par tous les moyens le pouvoir du peuple.

---

[1]Point de vue. ¨La paix n'est pas un mot c'est un comportement¨, Felix Houphet BOIGNY (Côte d'Ivoire) [en ligne]. 27 avril 2011. Disponible sur «https://www.temoignages.re/chroniques/point-de-vue/la-paix-n-est-pas-un-mot-c-est-un-comportement-felix-houfouet-boigny-cote-d-ivoire,49548». [Consulté le 25 avril 2021].
[2]*Populorum Progressio* n°6.

Notre stratégie consiste au préalable de révéler à la chambre nationale des rois et des chefs traditionnels de Côte d'Ivoire,[1] leur rôle indéniable et permanent dans l'équilibre au sein de la nation ivoirienne. Leur responsabilité apolitique doit être le socle de la paix nationale. Mieux, se rendre compte que la paix comme comportement prôné par le père fondateur, est cette conduite inculquée à l'ivoirien qui s'enracine dans les valeurs traditionnelles. En tant que garants des traditions et regroupés en une institution, ils développent une force incontournable. Cependant, leur mérite réside dans leur capacité à s'affranchir des chapelles politiques. A eux revient l'impérieuse mission de conserver et de faire respecter les idéaux de la tradition par tous.

Dans leurs différentes localités, la revalorisation des cérémonies traditionnelles constitutives de la cohésion sociale devrait être prise en compte. Lors de ces manifestions, on veillera à leur inculquer le bienfondé de la pérennisation de la tradition et de la dimension d'exemplarité à transmettre de génération à génération.

En effet, il est nécessaire d'apprendre aux jeunes que la condition sine qua non de leur épanouissement et développement futur commence par le respect des valeurs traditionnelles. Par cette action éducative, la chambre nationale des rois et des chefs traditionnels ivoiriens percevra que la paix comme un édifice national en construction ne doit plus être laissé à la portée des politiciens.

Dans le souci de rendre effective la paix durable, les leaders religieux, la chambre des rois et chefs traditionnels, les organisations de la société civile et les organisations féminines, gagneront à fédérer leurs actions toutes les fois que la paix est mise en péril en Côte d'Ivoire.

---

[1] Société, Chambre nationale des rois et chefs traditionnels : un instrument royal de paix [en ligne]. Disponible sur «https://www.fratmat.info/article/80824/64/chambre-nationale-des-rois-et-chefs-traditionnels-un-instrument-royal-pour-la-paix». [Consulté le 25 avril 2021].

9. Bibliographie générale

9.1. Encyclopédies, atlas, bibles

Encyclopaedia Universalis, Corpus 6, Climatologie – Cytologie, s,n, Paris, Encyclopaedia Universalia, 1996.

Encyclopaedia Universalis, Corpus 11, Guerre et paix – incendies, Paris, Encyclopaedia Universalis, s.n, 1996.

Le Petit Larousse Illustré, En couleur, 2010, Cedex, Paris, 2009.

BORREMANS Raymond, *Le grand dictionnaire encyclopédique de la Côte d'Ivoire*, Tome 4 : I-J-K-L-M, Abidjan, NEA, 1988.

POUPARD Paul (sous la dir), *Dictionnaire des religions*, Paris, Presse universitaire de France, 1984.

DE CALAN Didier, CATACH Laurent, (Ed.). *Dixel Dictionnaire R Le Robert,* Nouvel édition millésime, Paris, Brodard Graphique, 2011.

ROBERT Paul, Dictionnaire. *Universel des noms propres, alphabétique et analogique, illustré en couleurs,* Paris, Société du Nouvelle Littré, 1976.

La Bible de Jérusalem, Paris, Cerf, 1998, nouvelle éd. Revue et augmenté.

9.2. Documents du Magistère

MARTIN Paul-Aimé (sous la dir) Vatican II, *Les seize documents conciliaires, texte intégral,* préface de S.Em. Le Cardinal Paul-Emile LEGER, 2. Éd., Montréal-Paris, Fides, 1967.

HÜNERMANN Peter (sous la dir), *Symboles et définition de la foi Catholique, Enchiridion symbolorum*, éd. Heinrich Denzinger, Peter Hünrmann et Joseph Hoffmann, 37e éd., Paris, Cerf, 1996.

Catéchisme de L'Eglise Catholique, éd., Pocket, Paris, Centurion / Cerf / Fleurus-Mame / CECC, nouvelle éd., 1998.

ALBERIGO G. (sous la dir), *Le Magistère de l'Eglise, Les Conciles œcuméniques,* Les décrets de Nicée à Latran V, T. II-1, Paris, Cerf, 1994.

IDEM, *Le Magistère de l'Eglise, Les Conciles œcuméniques*, Les décrets de Trente à Vatican II, T. II-2, Paris, Cerf, 1994.

LA CONFERENCE EPISCOPALE DES EVEQUES CATHOLIQUE DE COTE D'IVOIRE, *Appel au retour aux valeurs morales, religieuses et spirituelles,* Assemblée plénière, Daloa, du 17 au 23 janvier 2005.

LA CONFERENCE EPISCOPALE DES EVEQUES CATHOLIQUE DE COTE D'IVOIRE, *Message à la nation ivoirienne à l'occasion des prochaines élections :* Assemblée plénière, Abidjan, 29 novembre 2009.

LA CONFERENCE EPISCOPALE DES EVEQUES CATHOLIQUE DE COTE D'IVOIRE, *Appel à la conscience :* Assemble plénière, Yamoussoukro, 14 septembre 2006.

LA CONFERENCE EPISCOPALE DES EVEQUES CATHOLIQUE DE COTE D'IVOIRE, *Déclaration sur les derniers évènements* : Assemblée Générale Extraordinaire, Yamoussoukro, Du 22 au 23 février 2010.

LA CONFERENCE EPISCOPALE DES EVEQUES CATHOLIQUE DE COTE D'IVOIRE, *Appel à l'apaisement et au dialogue* : Assemblé plénière, Abidjan, 14 octobre 2002.

LA CONFERENCE EPISCOPALE DES EVEQUES CATHOLIQUE DE COTE D'IVOIRE, *Promouvoir la paix par le respect de la loi et des libertés* : Conseil permanant, Korhogo, 19 novembre 2015.

9.3. Ouvrages et articles relatifs à la Cote d'Ivoire

BANEGAS Richard et René, OTAYEK René, *Le Burkina- Faso dans la crise Ivoirienne,* in *Politique Africaine* n° 89, *La Côte d'Ivoire en guerre,* Paris, Karthala, 2003.

ESCHLIMANN Jean-Paul, Préf. de Louis-Vincent Thomas, *Les Agni devant la mort* : (Côte d'Ivoire), Paris, Karthala, 1985.

GONNIN Gilbert, *Juvenile literature,* 2è éd., Abidjan-Paris, AMI-Edicef, 1992.

HOUDIN Bernard, *GBAGBO un homme, un destin, Chronique d'une victoire annoncée : Côte d'Ivoire 1990-2018*, France, Max Milo, 2019.

RUFF Judith, La Côte d'Ivoire : *Le feu au pré carré*, Paris, Autrement Frontière, 2004.

LOSCH Bruno, *Côte d'Ivoire, la tentation ethnonationaliste*, Paris, Karthala, 2000.

MARC Augé, *Théorie des pouvoirs et idéologie : étude de cas en Côte d'Ivoire, XIII,* Paris, Hermann, 1975.

MIRAN Marie, *Islam, histoire et modernité en Côte d'Ivoire*, Paris, Karthala, 2006.

TRICHET Pierre, *Pas de paix sans justice. Les évêques d'Abidjan prêchent la paix,* Abidjan, Cerap, 2004.

ROUSTAN Pierre, *Les attitudes pour vivre la communion au quotidien. Cahier des CEB,* 2014- 2015, n° 72.

9.4. Autres ouvrages et autres articles

CAMARA Laye, *Le Maître de la parole. Kouma Lafôlo Kouma*, Paris, Plon, 1978.

CHIOME Etienne, *La méthode critère, pour mieux gérer les conflits*, Louvain-la-Neuve, Presse Universitaire de Louvain, 2009.

CROS Michèle, BONHOMME Julien, *Déjouer la mort en Afrique Or, orphelins, fantômes, trophées et fétiches,* Paris, Harmattan, 2008.

DEFRANCE Corine, PFEIL Ulrich, *Entre guerre froide et intégration européenne, Reconstruction et rapprochement 1945-1963, (Histoire franco-allemande, n° 10)*, Villeneuve d'Ascq, Presse Universitaires du Septentrion, 2012.

ERNY Pierre, *L'idée de ''réincarnation'' en Afrique Noire*, Paris, L'Harmattan, 2007.

Le Coran. Traduction intégrale des 114 Sourates par KASIMIRRSKI, Paris, Sacelp, 1981.

MARTIN Arnaud, *La mémoire et le pardon. Les commissions de la vérité et de la réconciliation en Amérique Latine*, Paris, L'Harmattan, 2009.

MEDEWALE Jacob Agossou, *Christianisme africain. Une fraternité au-delà de l'ethnie,* Paris, Karthala, 1987, 224.

MUJYNYA Edmond, *Le mystère de la mort dans le monde Bantoue, dans cahier des religions Africaines*, n° Vol 11, n° 21.1969.

THOMAS Louis-Vincent, *Cinq essais sur la mort Africaine*, Paris, Karthala, 2013, nouvelle éd.

THOMAS Louis-Vincent, LUNEAU René, *La terre africaine et ses religions. Traditions et changements,* Paris, L'Harmattan, 1980.

VANGU VANGU Emmanuel, *Sexualité, initiations et étapes du mariage en Afrique. Au cœur des rites et des symboles*, Paris, L'Harmattan, 2012.

WERNER Jaeger, Paideia. *La formation de l'homme grec* (Trad. André et simonne Davyver), t.1, Paris, Tel Gallimard, 1988.

9.5. Mémoires, thèses de doctorat, cours consultés

MALDAME, Jean-Michel. *Cours de Péché et Pardon, 2018-2019, Le pardon un excès d'amour*, Domuni Universitas, 2019, notes de cours.

9.6. Sources audio-visuelles, sites internet consultés

JEAN-PAUL II, Lettre Apostolique, *Novo Millennio Ineunte*, n° 40 [en ligne]. Disponible sur «http://www.vatican.va/content/john-paul-ii/fr/apost_letters/2001/documents/hf_jp-ii_apl_20010106_novo-millennio-ineunte.html». [Consulté le 20 avril 2021].

PAUL VI. Lettre Encyclique *Populorum Progressio,* n° 13 [en ligne]. Disponible sur «http://www.vatican.va/content/paul-vi/fr/encyclicals/documents/hf_p-vi_enc_26031967_populorum.html». [Consulté le 20 avril 2021].

PAUL VI. Déclaration sur les relations de l'Eglise avec les non chrétiennes, Nostra Aetate, n° 2, Disponible sur «*Nostra aetate* (vatican.va)». [Consulté le 20 décembre 2020].

BENOIT XVI. Lettre du Pape Benoît XVI à l'occasion du IIème congrès mondial de la pastorale des pèlerinages et des sanctuaires (Saint-Jacques-de-Compostelle 27-30 septembre 2010) [en ligne]. 2010. Disponible sur «http://www.vatican.va/content/benedict-xvi/fr/letters/2010/documents/hf_ben-xvi_let_20100908_compostela.html». [Consulté le 02 avril 2021].

Gongrégation pour le clergé. Directoire pour le ministère et la vie des prêtres [en ligne]. Disponible sur «http://www.vatican.va/roman_curia/congregations/cclergy/documents/rc_con_cclergy_doc_2 0130211_direttorio-presbiteri_fr.html». [Consulté le 20 avril 2021].

KONIN Aka, *Tradition musicales chez deux peuples Gour du Nord-est de la Côte d'Ivoire,* Tervuren, Publications Digitales, 2009, 47 p. Disponible sur «musique_gour.pdf (africamuseum.be)». [Consulté le 17 janvier 2021].

THOMAS, Louis-Vincent. *Réflexion à propos des mythes d'Afrique noire*, Publications de l'Institut d'études et de recherches interethniques et interculturelles, 1976, n° 7, p. 314. Disponible sur «Réflexions à propos des mythes d'Afrique noire - Persée (persee.fr)». [Consulté le 23 janvier 2021].

CHARBONNEAU, Bruno. «Côte d'Ivoire : possibilités et limites d'une réconciliation», Afrique contemporaine. 2013/1, n°245, p. 111 à 129, Disponible sur «https://www.cairn.info/journal-afrique-contemporaine-2013-1-page-111.htm». [Consulté le 3 avril 2021].

SORO, Guillaume. «Pourquoi je suis devenu rebelle. La Côte d'Ivoire au bord du gouffre, 2005» Hachette Littérature, (s.l), 176 p. Disponible sur «Guillaume Soro : le rebelle s'explique (afrik.com)». [Consulté le 13 janvier 2021].

SANOGO, Zanga Youssouf. COULIBALY, Nabé-Vincent. «Croyances animistes et développement en Afrique subsaharienne» Erudit, 2003, vol. 13, n° 2, p. 142. Disponible sur «Croyances animistes et développement en Afrique s… – Horizons philosophiques – Érudit (erudit.org)». [Consulté le 26 janvier 2021].

MIRAN-GUYON, Marie. TOURE, Moussa. «Islam, autorité et sphère publique en Côte d'Ivoire», HAL, archives-ouvertes.fr, 10 septembre 2014, p. 315-316. Disponible sur «https://halshs.archives-ouvertes.fr/halshs-01062582/document». [Consulté le 15 février 2021].

BREDELOU, Sylvie. Open Edition Journal, «La Côte d'Ivoire ou l'étrange destin de l'étranger», Revue Européenne des migrations internationales, 2003, Vol 19- n° 2, p. 85-113, Disponible sur «La Côte d'Ivoire ou l'étrange destin de l'étranger (openedition.org)». [Consulté le 29-11-2020].

GNENEFOLO, Koné. «La chefferie traditionnelle sénoufo-niarafolo sous la série de crises sociopolitique dans le Nord de la Côte d'Ivoire », Rev. Ivoir anthropol. Social. 2015, n° 30, p. 131. Disponible sur «FICHIR_ARTICLE_736.pdf (revues-ufhb-ci.org)». [Consulté le 19 janvier 2021].

DIETERLEN, Germaine. «Premier aperçu sur les Cultes des Soninké émigrés au Mande», Cahier 1 (Varia) 1975. pp. 5-18. Disponible sur «Premier aperçu sur les cultes des Soninké émigrés au Mande (openedition.org)». [Consulté le 16 janvier 2021].

SANDLAR, Christophe. «Le national-régionalisme de la charte du Nord» Outre-terre, 2005/2 n° 11 page 295-307. Disponible sur «Le national-régionalisme de la charte du Nord | Cairn.info». [Consulté le 12 janvier 2021]

 JANKELEVITCH, Vladimir. «Vérité-Ethique». Philosophie. 1964. p. 51. Disponible sur «http://www.ac-grenoble.fr/PhiloSophie/logphil/textes/textesm/jankel1m.htm». [Consulté le 18 février 2021].

DE ROUX, Rodolfo. «La II Conférence Episcopale Latino-Américaine à Medellin.» Medellin. 1968. n° 1. «https://f-origin.hypotheses.org/wp-content/blogs.dir/3387/files/2019/04/LA-II-CONFE%CC%81RENCE-E%CC%81PISCOPALE-LATINO.pdf». [Consulté le 23 mars 2021].

Archives. Les accords de Marcoussis[en ligne] le 24 janvier 2003. Disponible sur «RFI - Les accords de Marcoussis». [Consulté le 13 janvier 2021].

Afrique. L'immigration clandestine et croissance économique, le paradoxe Ivoirien [en ligne]. 17 juillet 2018. Disponible sur «Immigration clandestine et croissance économique, le paradoxe ivoirien (voaafrique.com)». [Consulté le 01-12-2020].

Côte d'Ivoire. Affaires députés Ivoiriens en prison. Bientôt mission de la commission politique de l'APF, 16 septembre 2020 [en ligne]. Disponible sur «Affaire députés ivoiriens en prison | Bientôt une mission de la Commission politique de l'APF, en Côte d'Ivoire – FARAFINET». [Consulté le 23 novembre 2020].

Côte d'Ivoire. Pourquoi de 2002 à 2020 j'ai combattu les criminels de la rébellion (GALY Michel [en ligne]. 19 septembre 2020. Disponible sur «Côte-d'Ivoire: «Pourquoi de 2002 à 2020 j'ai combattu les criminels de la rébellion» (Michel Galy) - Connectionivoirienne.net ». [Consulté le 22 janvier 2021].

Digithèque MJP. Côte d'Ivoire. Constitution du 3 novembre 1960 [en ligne]. 2002. Disponible sur «https://mjp.univ-perp.fr/constit/ci1960.htm». [Consulté le 29-11-2020].

RESEAUIVOIRE. La référence internet de la Côte d'Ivoire. Les alliances entre peuple en Côte d'Ivoire [en ligne]. 2004. Disponible sur «Rezo-Ivoire .net | les alliances entre peuples en cote divoire». [Consulté le 25-11-2020].

Reseau Ivoire. La référence de l'internet. Le Lôw Fête de génération Adjoukrou [En ligne]. Disponible sur «https://rezoivoire.net/ivoire/patrimoine/959/low-fete-de-generation-adjoukrou.html#.YEzlXFVKjIU». [Consulté le 13 mars 2021].

Réseau Ivoire. La référence internet de la Côte d'Ivoire. Historique de la fête des ignames chez les Agni de l'indénian [En ligne]. Disponible sur «https://rezoivoire.net/ivoire/patrimoine/2903/historique-de-la-fete-des-ignames-chez-les-agni-ndenian.html#.YEzRn1VKjIU». [Consulté le 13 mars 2021].

Réseau Ivoire. La référence internet de la Côte d'Ivoire. Le sacrifice du Meripôh ou la fête des ignames en pays Abbey. Disponible sur «https://rezoivoire.net/ivoire/patrimoine/2018/le-sacrifice-du-miripoh-ou-la-fete-des-ignames-en-pays-abbey.html#.YEza91VKjIU».[Consulté le 13 mars 2021].

RESEAUIVOIRE. La référence internet de la Côte d'Ivoire. Le groupe Mandé ou Mandingue [en ligne]. Disponible sur «Rezo-Ivoire .net | Le groupe Mandé ou Mandingue». [Consulté le 16 Janvier 2021].

Akan mon peuple. In archive du blog [en ligne]. 3 avril 2007. Disponible sur «Akan Peuple et Culture (peupleakan.blogspot.com)». [Consulté le 15 janvier 2021].

Office de la Recherche Scientifique et Technique Outre-mer. Centre de Petit-bassam - Sciences Humaines.

Les Krou de la Côte d'Ivoire. [en ligne]. Février 1974. Disponible sur «https://horizon.documentation.ird.fr/exl-doc/pleins_textes/pleins_textes_7/b_fdi_57-58/010023785.pdf». [Consulté le 15 janvier 2021].

Le matriarcat Akan (Côte-de-l'or) : le sang et le sperme, le corps et l'esprit. [en ligne]. Disponible sur «Matriarcat Akan (Côte-de-l'Or) : le sang et le sperme, le corps et l'esprit | Le Mouvement Matricien (wordpress.com)». [Consulté le 15 janvier 2021].

Reseau ivoire. La référence informatique de la Côte d'Ivoire. Les groupes ethniques [en ligne]. 2005. Disponible sur «Rezo-Ivoire .net | Les groupes ethniques». [Consulté le 18 janvier 2021].

WASSA Côte d'Ivoire. Les Akan [en ligne]. Disponible sur «ETHNIES DE COTE D'IVOIRE : LES AKAN (free.fr)». [Consulté le 15 janvier 2021].

Institut Numérique. Les groupes ethniques [en ligne]. 25 septembre 2012. Disponible sur «https://www.institut-numerique.org/213-les-groupes-ethniques65-5061bdeb096c3». [Consulté le 11-11-2020)].

Catégorie. Groupe ethnique en Côte d'Ivoire. In Wikipédia. L'encyclopédie libre [en ligne]. 10 juillet 2020. Disponible sur «https://fr.wikipedia.org/wiki/Cat%C3%A9gorie:Groupe_ethnique_en_C%C3%B4te_d%27Ivoire». [Consulté le 11-11-2020)].

Réconciliation nationale. Charles Konan banny (CDVR) ¨La mission est terminée, entièrement accomplie¨ [en ligne]. 17 décembre 2014. Disponible sur «Charles Konan Banny (CDVR) : « la mission est terminée, entièrement accomplie» - L'infodrome». [Consulté le 18-11-2020].

Microsoft Bing. La liste des ethnies de la Côte d'Ivoire [en ligne]. 2005. Disponible sur«https://www.bing.com/search?q=les+diff%C3%A9rentes+ethnies+de+la+C%C3%B4te+d%27Ivoire&qs=n&form=QBRE&sp=-1&ghc=1&pq=les+diff%C3%A9rentes+ethnies+de+&sc=0-27&sk=&cvid=068C0BDB9F014DF892D0316B429C4F16». [Consulté le 09-11-2020].

Le Monde Afrique. L'Afrique n'a pas besoin d'hommes forts mais de fortes institutions [en ligne]. 13 juillet 2009. Disponible sur «"L'Afrique n'a pas besoin d'hommes forts, mais de fortes institutions" (lemonde.fr)». [Consulté le 23 novembre 2020].

Côte d'Ivoire. La loi d'amnistie divise l'Assemblée [en ligne]. 4 aout 2003. Disponible sur «RFI - Côte d"Ivoire - La loi d'amnistie divise l'Assemblée». [Consulté le 14 janvier 2021].

Afrique sur 7. L'actualité d'Afrique et du monde. Côte d'Ivoire: Révélations sur le rapport caché de la CDVR de Banny [en ligne]. 8 juin 2018. Disponible sur «Côte d'Ivoire: Révélations sur le rapport caché de la CDVR de Banny (afrique-sur7.fr)». [Consulté le 14 janvier 2021].

La Côte d'Ivoire. Constitution de 2016, Titre II : De l'Etat et de la souveraineté. Article 49. [en ligne]. 2016. Disponible sur «Constitution de 2016 – Présidence de la république de Côte d'ivoire (presidence.ci)». [Consulté le 13 janvier 2021].

Par ici la démocratie. Qu'est-ce que la démocratie [en ligne] ? Disponible sur «Qu'est-ce que la démocratie ? - Par ici la démocratie (paricilademocratie.com)». [Consulté le 13 janvier 2021].

Archive. Sommet France-Afrique 2003. Les négociations ivoiriennes font escale à Paris [en ligne]. 20 février 2003). Disponible sur «RFI - Sommet France-Afrique 2003 - Les négociations ivoiriennes font escale à Paris ». [Consulté le 22 janvier 2021].

Ce jour-là. Le 19 septembre 2002, une tentative de coup d'état ébranle profondément la Côte d'Ivoire [en ligne]. 19 septembre 2016. Disponible sur «Ce jour-là : le 19 septembre 2002, une tentative de coup d'État ébranle profondément la Côte d'Ivoire – Jeune Afrique». [Consulté le 12 janvier 2021].

Côte d'Ivoire. Constitution Ivoirienne de 2016, Titre premier : des libertés, des droits et des devoirs, Article10 [en ligne]. Disponible sur «https://mjp.univ-perp.fr/constit/ci2016.htm». [Consulté le 18-11-2020].

Côte d'Ivoire. Les étrangers votent [en ligne]. Décembre 1989. Disponible sur «Côte d'Ivoire : les étrangers votent* [Pierre-Claver Kobo] · GISTI». [Consulté le 21 janvier 2021].

Côte d'Ivoire. La mort de Boga DOUDOU sur vidéo [en ligne]. 9 novembre 2013. Disponible sur «Côte d'Ivoire - La mort de Boga Doudou sur vidéo... - Connectionivoirienne.net». [Consulté le 18-11-2020)].

Actualité. Massacre des gendarmes par les hommes du chef rebelle Soro Guillaume à Bouaké : Le rapport d'Amnesty international qui clarifie tout[en ligne]. 22 avril 2002. Disponible sur «Massacre des gendarmes par les hommes du chef rebelle Soro Guillaume à Bouaké: Le rapport d'Amnesty international qui clarifie tout (ladepechedabidjan.info)». [Consulté le 18-11-2020].

Côte d'Ivoire. Nouveau bain de sang à l'ouest [en ligne]. 2 juillet 2005. Disponible sur «RFI - Côte d'Ivoire - Nouveau bain de sang à l'Ouest». [Consulté le 18-11-2020].

Infographie. Les nationalistes gagnent du terrain dans les pays de l'Union Européenne [en ligne]. 6 juillet 2018. Disponible sur «https://www.la-croix.com/Monde/Europe/INFOGRAPHIE-nationalistes-gagnent-terrain-pays-lUnion-europeenne-2018-06-01-1200943765». [Consulté le 18-11-2020]

Marcelin KOUADIO, évêque de Yamoussoukro. «L'émergence est chanté partout alors que les gens ont faim» [En ligne]. Le mercredi 28 janvier 2015. Disponible sur «https://news.abidjan.net/h/522616.html». [Consulté le 01 avril 2021].

Société. Célébration des 125 de l'Eglise de Côte d'Ivoire, Message du Cardinal KUTWA Jean Pierre Archevêque métropolitain d'Abidjan [en ligne].

Le 25 janvier 2021. Disponible sur «https://news.abidjan.net/h/686743.html». [Consulté le 18 févier 2021].

Côte d'Ivoire. Fusillade sur une plage de Grand-Bassam en Côte d'Ivoire fait 16 morts [en ligne]. Le 13 mars 2016. Disponible sur «https://www.france24.com/fr/20160313-cote-ivoire-fusillade-une-plage-touristique-grand-bassam-deux-mort-moins». [Consulté le 21 avril 2021].

Société. Le Père ABEKAN et l'Imam Cissé GUIDJIBA exhortent les religieux à être des Agent de paix [en ligne]. Disponible sur «https://www.7info.ci/le-pere-abekan-et-limam-cisse-djiguiba-exhortent-les-religieux-a-etre-des-agents-de-paix/». [Consulté le 08 avril 2021].

La Déclaration universelle des droits de l'homme. Article 13 §. 1. Disponible sur «La Déclaration universelle des droits de l'homme». [Consulté le 20 Janvier 2021].

Côte d'Ivoire : «Pourquoi de 2002 à 2020 j'ai combattu les criminels de la rébellion» Michel GALY [en ligne] 19 septembre 2020. Disponible sur «Côte-d'Ivoire: "Pourquoi de 2002 à 2020 j'ai combattu les criminels de la rébellion" (Michel GALY) - Connectionivoirienne.net ». [Consulté le 22 janvier 2021].

Archives. Comment est née «l'ivoirité»[en ligne]. 13 avril 2004. Disponible sur «Comment est née l'« ivoirité » – Jeune Afrique». [Consulté le 12 janvier 2021].

Terre solidaire. Soyons les forces du changement. Le refus de l'instrumentalisation des religions par les politiques [en ligne]. 10 octobre 2012. Disponible sur «https://ccfd-terresolidaire.org/nos-publications/edm/2012/268-septembre-octobre/vatican-ii-quand-l/le-refus-de-l-4185». [Consulté le 08 avril 2021].

Daloa. Caravane de la paix et de cohésion : des guides religieux à l'assaut des populations [en ligne]. 17 novembre 2019. Disponible sur «https://linfoexpress.com/daloa-caravane-de-la-paix-et-de-cohesion-des-guides-religieux-a-lassaut-des-populations/». [Consulté le 08 avril 2021].

INSTITUT DES HAUTES ETUDES SUR LA JUSTICE. Commission Dialogue Vérité et Réconciliation : une belle coquille vide ? [en ligne]. Octobre 2015. Disponible au format PDF sur Internet «https://ihej.org/wp-content/uploads/2015/10/La-Commission-Dialogue-V%C3%A9rit%C3%A9-et-R%C3%A9conciliation-ivoirienne-une-belle-coquille-vide-_.pdf». [Consulté le 02 février 2021].

Rapport 2016 sur la liberté religieuse internationale en Côte d'Ivoire [en ligne]. 2016.

«https://ci.usembassy.gov/wpcontent/uploads/sites/29/2016_FR_IRF_Report.pdf». [Consulté le 09 avril 2021].

Présidence de la République de Côte d'Ivoire. Constitution 2016 [en ligne]. 2016. Disponible sur «https://www.presidence.ci/constitution-de-2016/». [Consulté le 08 avril 2021].

Eglise Protestante Méthodiste de Côte d'Ivoire. Culte pour la paix, la réconciliation et la reconstruction en Côte d'Ivoire [en ligne]. 13 novembre 2012. Disponible sur

«https://m.facebook.com/story.php?story_fbid=302571446524223&substory_i ndex=0&id=300163880098313». [Consulté le 05 avril 2021].

Eglise Protestante Méthodiste de Côte d'Ivoire

[en ligne].13 novembre 2012. Disponible sur «https://m.facebook.com/story.php?story_fbid=302571446524223&substory_i ndex=0&id=300163880098313». [Consulté le 05 avril 2021].

Société. Eglise protestante Méthodiste/ Culte pour la paix et la réconciliation : Les Méthodistes invoque la sagesse de Dieu Sur Charles Konan BANNY [en ligne]. 1 septembre 2011. Disponible sur «https://news.abidjan.net/h/409144.html». [Consulté le 05 avril 2021]

Politique. Réconciliation national/ Cheick BOIKARY Fofana : ¨C'est aux musulmans de faire le premier pas¨ [en ligne]. 4 juin 2011. Disponible sur «https://news.abidjan.net/h/400687.html». [Consulté 03 avril 2021].

La Croix Africa. le site de l'actualité religieuse. En Côte d'Ivoire le renouveau charismatique catholique a réuni 15000 personnes pour la pentecôte. In La Croix Afirca. Le site de l'actualité religieuse [en ligne]. Le 22 mai 2018. Disponible sur «https://africa.la-croix.com/en-cote-divoire-le-renouveau-charismatique-a-reuni-15-000-personnes-pour-la-pentecote/». [Consulté le 30 mars 2021].

La Croix Africa le site de l'actualité religieuse. A Abidjan, le Communautés ecclésiales de base invitées à s'engager pour la paix et la réconciliation [en ligne]. Disponible sur «https://africa.la-croix.com/a-abidjan-les-communautes-ecclesiales-de-base-invitees-a-sengager-pour-la-paix-et-la-reconciliation/». [Consulté le 23 mars 2021].

MERLEAU-PONTY Maurice. In Wikipédia. L'encyclopédie libre [en ligne]. 21 janvier 2021. Disponible sur «https://fr.wikipedia.org/wiki/Maurice_Merleau-Ponty». [Consulté le 23 mars 2021].

10.　Table des Matières

Printed by Books on Demand GmbH, Norderstedt / Germany